Commodity Handbook

コモディティ
ハンドブック

石油・ゴム 編

〔第2版〕

日本商品先物取引協会 ［著］

一般社団法人 **金融財政事情研究会**

は し が き

　商品先物市場は社会の公器であり、価格変動のリスクヘッジや公正な価格指標の形成の場として、世界経済や国民生活と密接な関係を有する重要な産業インフラとしての経済的機能を担っています。本書では石油・ゴムを取り扱います。これらの商品は国民生活の基盤及び世界経済を支える重要なモノである一方で、中国をはじめとする新興国の需要や地政学的リスク、為替動向などによる価格変動に日々晒されており、リスクヘッジツールとしての先物市場は、今後、我が国の産業を発展させる上でも、なくてはならない基盤のひとつだと考えております。

　平成25年6月1日に発行した初版『コモディティハンドブック【石油・ゴム編】』から変更が生じたデータ等を拾い上げて編集し、また、でき得る限り最新のデータを盛り込みました。

　商品デリバティブ取引に従事する外務員の方々がお客様への訪問時に本書を携帯し、説明や勧誘に際してご活用していただくことはもとより、商品デリバティブ取引に関心のある方々にもご覧いただき、商品デリバティブ取引への理解が深まれば幸いです。

　令和2年2月

日本商品先物取引協会

目　　次

石　　油

原　　油

石油製品

ゴ　ム

巻末データ

石　油

1.　石油とは

　石油は、天然にできた燃える鉱物油（原油と天然ガソリン）とその製品の総称である。

　原油は油田から産出されたままの石油のことで、この原油を精製してガソリン、灯油、軽油、重油、潤滑油など各種石油製品を生産する。原油はプランクトンの遺骸と土砂とが一緒になって海底に積もり、それが長い年月の間に圧力や熱によって油状になり形成されたという説（有機根源説）が有力である。

　石油は、化学的には、多数の似通った分子式をもつ液状炭化水素の混合物となっている。

　炭化水素は、炭素と水素の原子が色々な割合で結びついたものである。炭素1と水素4の割合で結びついたものがメタンであり、炭素2に水素6がエタン、炭素3に水素8がプロパン、炭素4に水素10がブタンであるが、これらは、常温常圧では気体になっている。炭素数が5以上15まではガソリン、灯油、軽油、重油などの液体、16以上40ぐらいまではアスファルト、パラフィンのように固体となる。

　これら炭化水素のうち、液体のものを一般的には「石油」と呼び、これに気体であるプロパン、ブタンや固体のアスファルト、パラフィンなども含めて「石油類」もしくは「広義の石油」と呼んでいる。なお、石油は近代に入ってから、主としてランプ用に灯油が使われていたこともあるため、一般に灯油のことを「石油」と呼ぶ場合もあるので注意が必要である。「石油ストーブ」や「石油ランプ」といわれるものは、この灯油を使用しているものである。

２．　石油の歴史

（１）　古代の石油利用

　世界で最も古い石油の利用例は、紀元前3000年ころで、メソポタミア、すなわち現在のイラク地方に住んでいたシュメール人が立像の接着にアスファルトを用いた例がある。また、古代エジプトのミイラにも、アスファルトが防腐用に用いられている。また、古代ペルシャや古代中国では、礼拝用や製塩、灯火、炊事用に天然ガスが用いられていた。

　ビルマ（現ミャンマー）では、13世紀ころ手掘りによって油井が掘られ、石油が照明、暖房用に使われていた。また、米国でもインディアンが丸木舟や屋根の防水、そのほか薬用、祭祀用に石油を使ったことが知られている。このように石油は、古代から世界各地で人類に知られ、薬、美術、土木、宗教、灯火、兵器用に使われてきた。

（２）　近代石油産業の始まり

　世界で最初に設立された石油会社はニューヨークの弁護士ビッセルが1854年に設立したペンシルベニア・ロックオイル社である。しかし、石油採掘が本格的な事業としてスタートするにはさらに５年を要した。

　ペンシルベニア・ロックオイル社の事業を継承したセネカ・オイル社は、1859年にペンシルベニア州タイタスビルのオイルクリークで機械を使って石油の試掘を行っていた。同年８月27日、同社の現場監督エドウィン・ドレークは約21メートルの深さで油層を掘り当て、セネカ・オイル社は１日当たり35バレルの石油を産出することとなった。これが、企業化された石油採掘事業としての最初の事例であり、世界における近代石油産業の始まりとされている。

✦ 原 油

▌1．世界の原油生産量と消費量

（1） 原油の埋蔵量

　世界の原油確認埋蔵量（注1）は、石油メジャー（注2）の一角、英BPが2017年6月に発表した統計によると、2016年末時点で約1兆7,067億バレル（注3）となっている。このうち中東の埋蔵量は8,135億バレル、47.7%で、石油輸出国機構（OPEC注4）加盟国の埋蔵量は約4分の3である。これは可採年数（注5）にして約51年にあたる。石油はいつも「あと30〜50年で枯渇する」といわれてきたが、新規油田の発見や開発技術の進歩などもあって、伸びる傾向にあると言われている。当分は可採年数は30〜50年以上の状況が続くとみられている。特に近年は米国やカナダの北米を中心にシェール革命が起こり、飛躍的に産油量が増えていることが全体的な可採年数を底上げさせている。

　現在、世界最大の確認埋蔵量を有しているのは、2016年末現在、ここ10年間で4倍以上に急増したベネズエラの3,009億バレルで、世界全体の17.6%のシェアを占めている。第2位は長年首位を維持してきたサウジアラビアの2,665億バレルで15.6%である。第3位はカナダの1,715億バレルで10.0%、第4位はイランの1,584億バレルで9.3%、第5位はイラクの1,530億バレルで9.0%と続いている。

（注1）：確認埋蔵量
　　現時点で技術的、経済的に採掘できる原油の量。
（注2）：石油メジャー
　　世界中で業務を展開している巨大石油企業。原油採掘から販売までを行い、石油の供給、価格形成に大きな力を持っている。

（注3）：バレル（barrel）

石油の量を表す単位。1バレルは約159リットル。

（注4）：石油輸出国機構（OPEC）

Organization of Petroleum Exporting Countriesの略称。1960年に、ベネズエラ、サウジアラビア、イラン、イラク、クウェートの5大原油輸出国が設立し、その後、さらに加盟国が増えた。以降、エクアドルとガボンの再加盟、インドネシアのメンバーシップ再停止などにより、2017年現在14カ国となっている。毎年、総会を開き、原油価格の引き上げや生産枠の設定などを協議している。設立当初は市場に対して大きな影響力を持っていたが、その後非加盟産油国の増加などにより、当初ほどの影響力はなくなってきた。1999年3月以降の協調減産により影響力を回復させたが、非加盟産油国が増え、影響力はかつてより低下していた。しかし、2016年12月、OPCE加盟産油国・非加盟産油国による協調原産合意以降は再び、力を取り戻しつつある。

（注5）：可採年数

確認埋蔵量を生産量で除した数。原油を採掘できる年数とされるが、確認埋蔵量の増加などで増減する。

（2）　原油の生産量

　世界の原油の生産量（産油量）は近年、少しずつ増えてきている。2018年6月の英BPの統計によると、世界の原油生産量は、2017年には9,265万バレル／日（＝日量）である。内訳をみると、OPECが3,944万バレル／日と世界の生産量の約4割を生産している。地域別では、世界有数の産油国であるサウジアラビアを中心とした中東諸国で3,156万バレル／日が生産され、約3割を占めている。非OPEC産油国の中では21世紀最大の変革と謳われる"シェール革命"が起こった米国が1,306万バレル／日で、サウジアラビア、ロシアを上回り、一気に首位に躍り出ている。第2位はサウジアラビアの1,195万バレル／日、第3位はロシアの1,126万バレル／日となっている。

　1970年代前半には中東諸国が中心となって組織したOPECの産油量が当時の世界産油量の半分以上のシェアを占め、原油価格の決定権はOPECが手中にしていた。しかし、1974年にOPECが原油価格を大幅に引き上げたことで第1次石油ショックが起こり、これを契機にOPECへの依存度を下げるため各国で省エネルギー化や代替エネルギー開発が促進されるととも

に、北海、中南米などで油田が開発された。

　また2000年代に入り、カスピ海沿岸やベトナム沖、タリム盆地、北海、西アフリカ、中南米、中央アジアなどの世界各地で新たな油田が発見されたこと、加えて、前述の近年のシェール革命で米国を中心とした北米の産油量が急増していることから、将来的にOPECのウエートが一段と低下することが予想されている。英石油大手BPが発表した2035年までの世界の石油市場の長期予測によると、世界の原油価格は米国が牽引すると予想している。

図表1　世界原油生産量（日量換算）の推移　　　　　　単位：万バレル／日

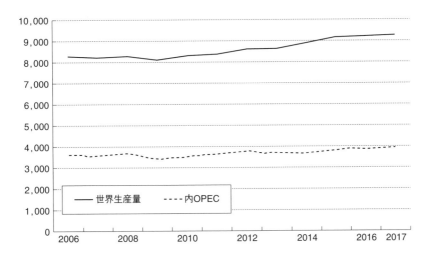

資料：英BP

図表2　世界の原油生産量（2017年）

単位：万バレル／日

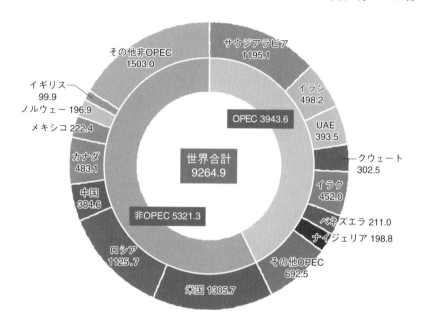

資料：英BP

（3）　世界の１次エネルギー供給比率

　英BPの統計（Statistical Review of World Energy）によると、2017年の世界の１次エネルギーの供給量は、原油換算で135億1,120万トンに達し、そのうち石油は34.2％を占める。これは、石炭、原子力など他のエネルギーを大きく引き離しており、長年、首位の座を守っている。最近の10年間で見ると、原油価格の高騰や原子力など他のエネルギーの伸びで、漸減傾向にあるものの、依然として主要なエネルギーであることに変わりはない。

　１次エネルギーに占める石油の比率は２度のオイルショックによる原油価格の高騰で、一時かなり低下した。1980年代半ば以降は原油需給が緩んで原油価格が低下してきたこともあり回復を見せた。しかし、近年では環境問題や天然ガスの伸びもあり、伸び悩みとなっている。

図表3　世界・主要国の化石エネルギー依存度（2015年）

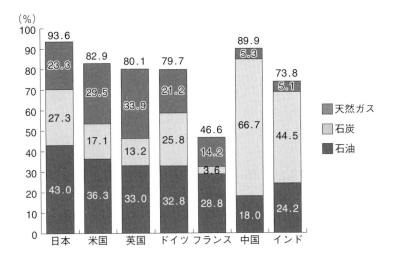

注：化石エネルギー依存度（％）＝（一次エネルギー供給のうち原油・石油製品、石炭、天
　　然ガスの供給）/（一次エネルギーの供給）×100
資料：資源エネルギー庁「エネルギー白書2018」

　資源エネルギー庁の統計によると、日本の１次エネルギーにおける石油依
存度は世界と比べさらに高く、2015年度の１次エネルギーに占める石油の比
率は43.0％を占めている。2000年度の石油依存比率が49.1％であったことを
考えると比率は低下している。政府はエネルギーの安定的供給を図る狙いか
ら石油のウエートを下げようと努力したことが奏功しつつあるといえるが、
世界平均でみると石油依存率は依然として高く、当分、石油への高い依存度
は続くといえよう。

図表4　日本の１次エネルギー供給比率の推移

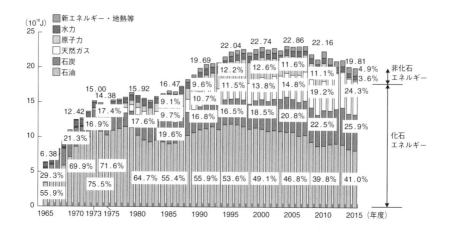

注１：「総合エネルギー統計」では、1990年度以降、数値について算出方法が変更されて
　　　いる。
注２：「新エネルギー・地熱等」とは、太陽光、風力、バイオマス、地熱などのこと（以
　　　下同様）。
資料：資源エネルギー庁「エネルギー白書2018」

（4）　世界の石油消費

　OECD（注）の統計によると、2016年の世界石油需要は、日量9,670万バレ
ルである。そのうち、北米・南米は日量2,490万バレルで全体に占める割合
は25.7％、２番目が欧州で日量1,360万バレル（同14.1％）、３番目が
OECD非加盟国の中の中国を除くアジアで日量1,310万バレル（同13.5％）
となっている。近年では特に中国の需要の伸びが顕著であり、中国単独で
1,150万バレルに達し、全体の占有率は11.9％に及んでいる。

図表5　世界の石油需要量

単位：100万バレル／日

	2012	2013	2014	2015	2016
北米・南米（チリ）	23.82	24.40	24.80	24.80	24.90
欧州	13.80	13.55	13.40	13.50	13.60
アジア・太平洋	8.47	8.69	8.30	8.40	8.40
OECD加盟国計	46.09	46.64	46.30	46.70	46.90
旧ソ連	4.57	4.85	5.00	4.90	4.90
欧州	0.72	0.71	0.70	0.70	0.70
中国	9.60	10.12	11.00	11.20	11.50
その他アジア	11.36	21.90	12.10	12.70	13.10
中南米	6.50	6.72	7.00	7.00	7.00
中東	7.60	7.59	7.90	8.10	8.20
アフリカ	3.41	3.78	4.00	4.20	4.30
OECD非加盟国計	43.74	45.54	47.60	48.70	49.80
需要合計	89.83	92.18	94.00	95.40	96.70

資料：国際エネルギー機関（IEA）

注：OECD加盟国

北米・南米	米国、カナダ、メキシコ、チリ
欧州	オーストリア、ベルギー、デンマーク、フランス、ドイツ、ギリシャ、アイスランド、アイルランド、イタリア、ルクセンブルグ、オランダ、ノルウェー、ポルトガル、スペイン、スウェーデン、スイス、トルコ、イギリス、フィンランド、チェコ、ハンガリー、ポーランド、スロバキア、スロベニア、エストニア、ラトビア
アジア・太平洋	オーストラリア、ニュージーランド、韓国、日本、イスラエル

（注）：OECD

　経済協力開発機構（Organization for Economic Co-operation and Development）の略。国際エネルギー機関（IEA）はOECD事務局の一機関である。

（5）　日本の原油輸入

　日本は原油のほぼ全量を輸入に頼っている。資源エネルギー庁の統計「資源・エネルギー統計年報」によると、2015年の原油輸入量は約１億9,452万キロリットルに達し、前年から減少したものの、消費量全体の99.7％に相当する。自国で生産される原油は北海道や新潟、秋田などに限られ、0.3％に過ぎない。

　輸入国の第１位はサウジアラビアで、全輸入量の33.8％、次いでアラブ首長国連邦（UAE）の25.3％、カタールの8.4％などとなっている。日本は米国、中国に次ぐ世界第３位の輸入大国であるが、特に中東地域への依存度が高く、2015年度は82.5％の原油を同地域から輸入している。

図表6　日本の国別原油輸入量　（2015年度）　　　　　単位：千キロリットル

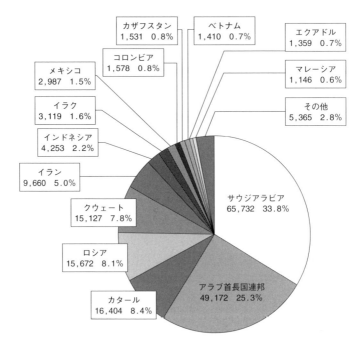

資料：資源エネルギー庁

日本が輸入している原油には数カ月から１年程度、毎月一定量の原油を購入する長期契約物と、必要に応じて手当てするスポット物と呼ばれる契約取引がある。日本は長期契約物が約80％、スポット物が約20％で推移してきたが、2011年は東日本大震災の影響で、スポット物の割合が37％まで上昇した。長期契約物のうち産油国との契約によるものは契約書に価格は記入されず、産油国が通告してくる価格か双方の合意により決められることが多い。スポット物は石油メジャーや産油国の国営石油会社が出荷する１回ごとの短期的取引で、その時々の需給などで価格が決まる。

図表７　原油の輸入量と中東依存率の推移

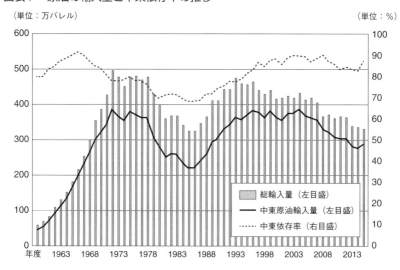

出典：資源エネルギー庁「エネルギー白書2018」より（一部を改変）

2. 世界の石油産業

（1） 石油メジャー

　石油産業が大産業になったのは19世紀末の米国で、ロックフェラー率いるスタンダード石油が世界の石油産業を支配したのがはじまりであった。スタンダード石油は1911年に独禁法で解体されたが、その分割後の会社とイギリス、フランスなどの大手石油会社7社がカルテルを形成して大きな力を振るい、当時はセブンシスターズ（注1）と呼ばれていた。これらの企業はその後、形を変えながら世界中で原油の探鉱、開発、生産から輸送、精製、販売までを行っており、石油メジャーともいわれる。

　なお、各国の石油市場は、規制緩和の影響、過剰設備の存在等の要因によって競争が激化しており、こうした状況の中で世界の石油産業では歴史的な巨大合併・買収が相次ぎ、メジャーの再編が行われ、現在では6つのスーパーメジャー（注2）に集約されている。

（注1）：セブンシスターズ
　　かつての石油メジャー7社のことで、ガルフ・オイル、モービル・オイル、シェブロン（スタンダードオイル・カリフォルニア）、エクソン（前身は、スタンダード・オイル・オブ・ニュージャージー）、テキサコ（以上が米国系）、ロイヤル・ダッチ・シェル・グループ（オランダ資本60％、英国資本40％）、ブリティッシュ・ペトロリアム（英国系、2001年に正式名をBPに変更）を指す。

（注2）：スーパーメジャー
　　現在の石油メジャーのことで、エクソンモービル、ロイヤル・ダッチ・シェル、BP、シェブロン、トタル、コノコ・フィリップスを指す。

（2） OPEC

　石油メジャーの支配体制を打ち破ったのが1960年に形成された中東諸国を中心としたOPECである。OPECはカルテルを結び、価格を大幅に引き上げ、1973年の第1次石油ショックを引き起こしたが、あまりに価格を引き上げ過ぎた結果、その後北海、アラスカ、メキシコを中心にOPEC諸国以外

の油田開発が活発になり、一時はその支配力もかげりを見せた。しかし、1990年代後半に非OPEC加盟国との協調減産を行うことなどで、その影響力の維持に努めた。2000年代に入り、世界的な需要の増加を背景とした石油価格高騰の影響でOPECの存在感や影響力は大きくなった。しかし近年は、協調減産などで価格の維持を努めているが、決定された協調減産枠があまり遵守されておらず、OPEC加盟国の足並みは乱れがちであった。だが、2016年11月、原油価格の下落を背景に、OPEC総会で減産合意がなされると、12月には15年ぶりにOPEC・OPEC非加盟国の協調減産が決定された。さらに、2017年5月25日の総会では、協調減産を2018年3月まで延長することが決定され、その後も協調減産は継続され、2019年7月2日の会合で、2020年3月まで延長することが決定した。

（3） 他の産油国の台頭

　このような状況の下、中南米、西欧、ロシアを中心とした旧共産圏諸国も台頭を始めた。中南米では新規油田が次々に開発され、西欧諸国も北海で油田を開発し、原油を輸出する国も現れてきた。なかでもロシアはサウジアラビアと並ぶ世界最大の産油国となり、カスピ海沿岸などの中央アジア、シベリアには膨大な埋蔵量があるといわれ、開発余地が大きく、今後はサウジアラビアを凌駕する可能性が高い。また、ブラジルなどの中南米、さらにはアフリカでも新規油田が次々に開発されており、こちらも開発余地は大きい。中国は急増する国内需要に対応するため、勝利、大慶油田に加えゴビ砂漠でも採掘を行い、世界でも上位の産油国となりつつある。中国国土資源省によると2030年までに中国の石油・ガス生産量は倍増し、石油換算で7億トン近くに相当する規模になるとの見通しを示している。

3．世界の石油市場

（1） 価格決定の変遷

　石油価格の決定はかつて石油メジャーが大きな影響力をもっていたが、1973年に起こった石油ショックにより、OPECが主導権を握った。1980年代に入り、米国で石油の先物取引が始まり、立ち上がりこそ生産者側の理解が得られなかったが、次第に商いが膨らむとともに、OPECや石油メジャーも先物価格を無視できなくなっていった。現在ではNYMEX^{（注1）}やICE^{（注2）}の先物価格が世界の石油価格の指標になっている。

（注1）：NYMEX

　　ニューヨーク・マーカンタイル取引所（New York Mercantile Exchange）の略称。原油や石油製品、貴金属などを上場。原油先物取引では世界最大の規模。なお、実際には、シカゴ・マーカンタイル取引所（CME, Chicago Mercantile Exchange）グループの一部門となっているが、NYMEXと呼ぶのが一般的である。

（注2）：ICE

　　インターコンチネンタル取引所（Intercontinental Exchange）の略称。1988年6月にロンドン国際石油取引所（International Petroleum Exchange of London Limited）にブレント原油先物が上場され取引されてきたが、インターコンチネンタル取引所（ICE, Intercontinental Exchange）に買収され、現在はICEフューチャーズヨーロッパで取引されている。欧州の石油先物取引の中心となっている。

（2） 三大石油市場

　地域別にみると、世界の石油取引は消費地別に三大市場が形成されている。1つは世界最大の消費国である米国を中心とする北米市場、2つ目は西欧先進諸国を中心とした欧州市場、3つ目が日本を含めたアジア市場である。それぞれの市場において指標になっている原油（マーカー原油^注）は異なり、それぞれの地域の需給を反映した価格形成がなされている。

（注）：マーカー原油

　　取引の指標となっている原油。ニューヨークではWTI^注、ロンドンでは北海

図表8　世界の原油先物市場

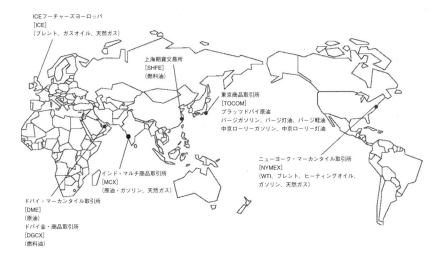

ICEフューチャーズヨーロッパ
[ICE]
（ブレント、ガスオイル、天然ガス）

上海期貨交易所
[SHFE]
（燃料油）

東京商品取引所
[TOCOM]
プラッツドバイ原油
バージガソリン、バージ灯油、バージ軽油
中京ローリーガソリン、中京ローリー灯油

ニューヨーク・マーカンタイル取引所
[NYMEX]
（WTI、ブレント、ヒーティングオイル、
ガソリン、天然ガス）

インド・マルチ商品取引所
[MCX]
（原油・ガソリン、天然ガス）

ドバイ・マーカンタイル取引所
[DME]
（原油）

ドバイ金・商品取引所
[DGCX]
（燃料油）

ブレントなど地域によって異なっている。

（注）：WTI

West Texas Intermediate の略称。米国テキサス州産の低硫黄の軽質原油。

①　北米市場

　北米市場ではニューヨークのNYMEXで原油や石油製品、天然ガスなどの先物取引が行われ、ここで形成された先物価格が指標となり、現物の価格形成が行われている。特に、NYMEXで、1983年3月に上場された原油先物取引（通称WTI）は、最初は盛り上がりに欠けたが、OPECに価格主導権を握られたくない消費国側の意向もあり、年々取引が拡大し、石油メジャーをはじめとした実需筋のみならず、機関投資家、ファンドなどの投機マネーの参入も多く、巨大市場となっている。このようなこともあり、WTI原油は北米地域のマーカー原油として、また、国際的にも最も高い指標性を有している。

　2015年の年間出来高は1億9,556万枚、2016年は2億6,159万枚に達した。取引単位は1,000バレル、呼び値は1バレル当たり1セントで、1ドルの値

動きで１枚当たり1,000ドルの損益が発生する。

　過去の価格推移を見ると、1990年代までは、ほぼ10～40ドルのレンジに収まる値動きだった。2000年以降は、中国をはじめとしたBRICs諸国の第一次産品需要の急増や、中東地域を中心とした地政学的リスクの常態化、さらには大量の投機マネーの流入などで急騰し、70～100ドルをコアレンジとして、30～150ドルという激しい値動きとなっている。しかし、2014年夏頃から北米のシェール革命で原油供給量が急増していたことを背景に、急激に下落し、2016年２月には100ドル超の値段から一気に26.05ドルまで暴落した。その後も40ドルから55ドル前後のレンジで推移している。

②　欧州市場

　欧州市場では、ロンドンのICEにおいて北海油田で採れるブレント原油（注）と天然ガス、ガスオイルなどの先物取引が行われ、ここで形成された先物価格が欧州で取引される石油の価格指標になっている。加えて、それに連動（ブレントリンク）するアフリカ産やロシア産原油の指標にもなっている。

　ブレント原油先物の取引は、1988年６月のロンドン国際石油取引所（IPE）に上場されたことに遡り、NYMEX同様、実需筋ばかりでなく、機関投資家、ファンドなど広範な市場参加者を有し、活発な取引が行われていた。2001年にICEに買収され、2005年に名称もICEヨーロッパに変更、現在ではICEフューチャーズヨーロッパの名称となっている。2016年の年間出来高は２億926万枚に達した。取引単位は1,000バレル、呼び値は１バレル当たり１セントで、１ドルの値動きで１枚当たり1,000ドルの損益が発生する。

　近年の価格推移の特徴は、より軽質原油であるWTI原油に対する上ザヤが常態化していることである。2017年５月末現在、WTI原油の中心限月が48.32ドルであるのに対し、ブレント原油の中心限月は50.31ドルであり、やはりブレント原油の方が２ドル近いプレミアムがついている。本来、ガソリンのイールド（得率）の高い軽質原油の方が価格は高いはずであり、実際、WTI原油の方がブレント原油に対して上ザヤになるのがこれまでの業界の常識であった。近年、この常識が崩れた背景には、ブレント原油の生産量の減少で需給ひっ迫に陥りやすいことや、ブレント原油や中東産原油の方が、

中東の地政学的リスクの影響をより直接的に受け易いことなどが挙げられる。

(注)：北海ブレント原油（Brent）
　　　北海の英国領で採掘された軽質低硫黄の原油。欧州ではマーカー原油となっており、ICEフューチャーズヨーロッパに上場されている。厳密には、NYMEX、ICEともに、WTI原油、北海ブレント原油の先物双方を上場しているが、歴史的経緯から前者はWTI原油、後者は北海ブレント原油をメインに取引している。

③　アジア市場

　アジア市場は、他の2市場のように先物市場が価格指標となって現物価格に影響を与えるという先物主導型ではなく、シンガポールで行われている業者間の相対取引（OTC）のスポット取引価格がベースとなるOTC主導型市場である。ここでは実際に行われた相対取引を価格情報サービス会社が収集・報告し、その報告された価格を参考指標として、個々の取引価格が形成されている。このため、他の2市場と異なり、取引所価格がベースとなっていないため不透明であるという指摘もある。

　NYMEXは香港やシドニーの取引所に取引端末であるACCESSを設置し、直接、NYMEX市場にアジアのプレーヤーが参加できる道を開き、アジア市場の取り込みを図っているが、取引は低水準にとどまっている。また、NYMEXとアラブ首長国連邦（UAE）の政府系企業により折半で出資されたドバイ・マーカンタイル取引所（DME（注1））が、2007年6月よりオマーン原油の取引を開始した。

　先物市場の試みとしては、アジア向け中東産原油のマーカー原油のドバイ原油やオマーン原油は、かつてシンガポールのSIMEX（注2）、その後身のSGX（注2）で上場されたこともあるが、取引不振で廃止された。また、2007年6月からアラブ首長国連邦のドバイ・マーカンタイル取引所（DME）で、オマーン原油の先物取引が行われているものの、出来高は低迷が続いている。

　一方、ドバイ金・商品取引所（DGCX）では、2006年10月に燃料油の取引が開始され、上海期貨交易所（SHFE）では2004年8月から燃料油（C重

油相当）先物取引が開始された。今のところ中国に上場されている石油先物はSHFEの燃料油だけであるが、中国の経済成長に伴うエネルギー需要の増大とともに、上場品目の種類も市場規模もさらに拡大していくことが予想されている。原油先物に関しては、2018年３月に、SHFEが2013年に上海自由貿易試験区で設けた「上海国際エネルギー取引センター（INE）」において上場されている。

　また、インドではMCX（注3）において2005年２月にWTI原油とブレント原油のルピー建ての先物取引が開始されている。

（注1）：DME
　　ドバイ・マーカンタイル取引所（Dubai Mercantile Exchange）の略称。

（注2）：SIMEX、SGX
　　SIMEXはかつてあったシンガポール国際金融取引所（Singapore International Monetary Exchange）の略称。1999年にシンガポール株式取引所（SES）に吸収合併されて、シンガポール証券取引所（SGX）となった。

（注3）：MCX
　　インド・マルチ商品取引所（Multi Commodity Exchange of India Ltd.）の略称。近年、取引高が増加し、世界有数の商品デリバティブ市場となっている。

④　日本市場

　日本の原油輸入価格は、生産国との長期契約に基づいて輸入される物が多いことから、ターム価格（注1）やスポット価格などが適用される。これらの長期契約の原油価格や日本からの製品の輸出価格はシンガポールのOTC価格が基準になって決定されるケースも多く、日本の石油業者はNYMEX、ICE以外にシンガポールのOTC市場を利用してヘッジを行うこともある。

　2001年９月に東京工業品取引所（現・東京商品取引所）の石油市場に中東産原油が上場された。このことにより、先行するNYMEXのWTI原油、ICEの北海ブレント原油に次いで、日米欧の３極に原油先物市場がそろうこととなった。

　中東産原油は仕向け地ごとに価格の決定方式が異なる。これまで北米向けはWTI原油の価格±（プラス・マイナス）調整金で決定されていたが、

2010年からASCI（Argus Sour Crude Index）（注2）±調整金に変更された。欧州向けは北海ブレント原油の価格±調整金で、各油種の価格が決定されている。つまり欧米ではそれぞれの先物市場を利用して、中東産原油の価格変動リスクをヘッジすることが可能である。

一方、日本を含むアジア向けの中東産原油価格は、おおむね（ドバイ原油＋オマーン原油）÷2±調整金で油種ごとに決定されている（図表9参照）。つまりドバイ原油とオマーン原油（注3）の平均がマーカー原油となっているのである。東京商品取引所はその先物取引を行っており、日本の業者も中東産原油の価格変動リスクをヘッジすることが可能になった。東京工業品取引所（現・東京商品取引所）に上場以降、価格上昇もあって人気化し、2004年の出来高は過去最高となる228万4,572枚を記録した。しかし、2005年以降、営業規制が強化された商品取引員（現・商品先物取引業者）の撤退が相次ぎ、東京工業品取引所（現・東京商品取引所）を含め、日本の商品市場全体の出来高が大幅に減少した。加えて、2008年9月のリーマンショックがそれに拍車をかけて、取引はさらに低迷した。東京工業品取引所（現・東京商品取引所）は打開策として、2009年5月に夜間取引（17：00〜23：00）を開始、そして2010年9月には立会時間が延長（17：00〜04：00）されたことで、出来高は増加に転じた。過去最低だった2009年の62万4,307枚から2012年には128万5,388枚と倍増、2014年は89万7,229枚と落ち込んだものの、2015年は当時過去最高となる365万1,528枚を記録、さらに2016年には596万3,788枚まで増加している。

取引単位は50キロリットル、1キロリットル当たり10円で、1,000円の値動きで1枚当たり5万円の損益が発生する。

（注1）：ターム価格
数カ月から1年程度の期間に、毎月一定数量を購入する契約に基づき輸入される原油をターム物と呼ぶ。ターム物の原油の輸入価格は、かつては産油国が設定する固定価格（公式販売価格）によって取引されていたが、現在では、ある月中に産油国で船積みされた原油の価格は、その月のスポット価格の平均を基準にして翌月初旬に事後的に決定されるようになっている。なお、産油国の国営石油会社から直接購入するときの価格をDD（Direct Deal Crude Oil）価格と呼ぶが、これについてもターム価格が適用される。

（注 2 ）：ASCI（Argus Sour Crude Index）
　　　　米国メキシコ湾岸地域で取引される中質マーズ原油、ポセイドン原油、サザン・グリーンキャニオン（SGC）原油の加重平均価格。
（注 3 ）：ドバイ原油（Dubai）とオマーン原油（Oman）
　　　　中東産の原油。中質油でアジアでの需要が多く、この 2 つを足して 2 で割った価格がアジア市場での価格の指標になっている。

図表 9　アジア向け原油各油種の価格フォーミュラ　（2015年 5 月現在）

油種		販売地点	設定日（積載後）	価格フォーミュラ
Saudi Arabia	Super Light-51	FOB	0	（Oman＋Dubai）／ 2 ±調整項
	Extra Light-40	FOB	0	（Oman＋Dubai）／ 2 ±調整項
	Light-33	FOB	0	（Oman＋Dubai）／ 2 ±調整項
	Medium-31	FOB	0	（Oman＋Dubai）／ 2 ±調整項
	Heavy-28	FOB	0	（Oman＋Dubai）／ 2 ±調整項
Iran	Light-33	FOB	0	（Oman＋Dubai）／ 2 ±調整項
	Heavy-30	FOB	0	（Oman＋Dubai）／ 2 ±調整項
Kuwait	-31	FOB	0	（Oman＋Dubai）／ 2 ±調整項
Neutral Zone	Khefji-29	FOB	0	（Oman＋Dubai）／ 2 ±調整項
Iraq	Basarah-30	FOB	0	（Oman＋Dubai）／ 2 ±調整項
Yemen	Masila-31	FOB	0	（Dated Brent）±調整項
Mexico	Isthmus-33	FOB	0	（Oman＋Dubai）／ 2 ±調整項
	Maya-22	FOB	0	（Oman＋Dubai）／ 2 ±調整項

注：Dated Brent：積載日確定後のブレント原油のスポット取引価格
資料：Petroleum Intelligence Weekly

図表10　ドバイ原油とオマーン原油の特徴

	ドバイ原油	オマーン原油
生産国	アラブ首長国連邦（UAE）	オマーン
生産量	日量約 7 万バレル	日量約75万バレル
性状 API度 硫黄濃度	中質高硫黄 31 1.93%	中質高硫黄 33.5 0.96%

注：生産量は2015年現在
資料：（財）日本エネルギー経済研究所、石油情報センター

4．日本の石油産業と流通の実態

（1） 日本の石油業者

　日本の石油業界は精製業者、元売り（注）、販売業者及び小売業者から構成
されている。精製業者は原油を精製して各種石油製品をつくる企業で、元売
りは自社ブランドの石油製品を出荷し、販売を主体業務としている。販売業
者は元売りから石油製品を仕入れて販売する業者のことであり、直販と二次
卸を兼ねている業者が多い。

（注）：元売り

　　石油の大手販売業者。自社で精製するか、子会社を通じて精製しており、特
　　約店を通じて販売している。それぞれ、独自にブランドを持っており、石油
　　業界に大きな力を振るっている。

① 元売り

　元売りには（1）自社製品の製造販売を主とする「製造販売元売り」、
（2）自社製品の販売を主とする「販売元売り」、（3）製造を主体とする
「製造元売り」とがある。

　元売りは、原則として自社ブランドを持ち、石油製品を直販するととも
に、系列下に多数の特約店をかかえ、それを通じて末端まで販売網を確立し
ている。元売りの販売力は特約店に依存しており、販売力を維持するため特
約店を援助している。

　元売りには、日本資本の「民族系」とメジャーが資本投下した「外資系」
がある。近年の民族系を中心とした大型統合の結果、民族系の元売りは、新
日本石油とジャパンエナジーが2010年4月に統合され、同年7月に設立され
たJX日鉱日石エネルギーが最大手である。なお、2017年4月に東燃ゼネラ
ル石油と統合し、現在では社名が変更され、JXTGエネルギーとなっている
（2018年11月現在）。JXTGエネルギー以外には、コスモ石油、キグナス石
油、太陽石油などがある。外資系には、昭和シェル石油がある。出光興産と
昭和シェル石油が2016年12月に資本提携の後、2019年4月に出光興産が昭和

シェルを完全子会社化、コスモ石油とキグナス石油が2017年5月に資本提携するなど、石油メジャーが直接あるいは合弁、提携などを通じて日本市場に進出、大きなシェアを持っている。外資系は精製コストが安いばかりでなく、原油供給を通じて大きな影響力を持っている。民族系の元売りは原油採掘部門が弱く、石油製品の販売網は国内に限られる。

　石油精製・元売り業界の従業員数は、1995年3月末には約3万6,000人いたが、経営統合、精製施設や物流システムの効率化や合理化により、2014年末現在で1万2,873人まで減少している。

図表11　日本の石油元売会社の再編の流れ（2019年4月現在）

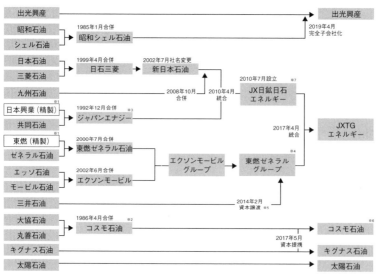

石油元売会社：製油所を所有するか、石油精製会社と密接な資本関係がある等で製品売買契約を結び石油製品を仕入、自ら需要家に売るか特約店に卸売する会社（公式な定義はない）
※1　元売ではなく精製専業会社
※2　1984年4月に2社の精製部門を分社化・統合した旧コスモ石油を設立
※3　1992年12合併時の社名は日鉱共石、その後93年12月にジャパンエナジーに社名変更
※4　2012年6月1日に東燃ゼネラル石油を中心とした新体制に移行（エクソンモービルはEMGマーケティングに社名変更）
※5　2014年2月4日に三井石油は東燃ゼネラル石油の子会社となりMOCマーケティングに社名変更
※6　2015年10月1日、ホールディング制に移行
※7　2016年1月1日、JXエネルギーへ社名変更
※8　上図で示した他に、各社間において精製・物流の提携を行っている
資料：石油連盟「今日の石油産業2017」をもとに作成

② 販売業者

販売業者は、元売りとの間でその社の製品を取扱うという特約契約を結び、特約店として直接販売をするか、小売業者に卸売りを行う業者のことである。特約店は元売りの子会社もあるが、資本関係のないものもある。中には複数の元売りの特約店になっている販売業者もある。販売業者の中で、特に販売力の強い企業はスーパーディーラーと呼ばれている。

③ 総合商社

元売りと並んで日本市場で大きな影響力をもっているのが大手総合商社である。大手総合商社は、主に原油の買い付けや油田の開発を行っているが、石油製品の輸入を手がけ、あるいは子会社として特約店を持ち、石油製品の販売において大きなシェアを握っている商社もある。また、資本関係などを通じて元売りにも大きな影響力を持つ商社もある。

④ 小売業者

小売業者は末端消費者に石油製品を販売している業者だが、特約店が兼業している業者もあれば、特約店から仕入れて販売している業者もある。ガソリンは、これまで許可を受けたサービス・ステーション（SS＝ガソリン・スタンド）でしか販売されなかったが、1998年1月からの規制緩和により、現在では大手スーパー、ディスカウントストア、カー用品店が自らの店補にSSを併設するなど、競争が激化している。

灯油はSSの他、燃料卸商、酒屋、ディスカウントストア、生協など各種の小売業者が扱っている。小売業者は競争の激化からその数は減少している。

（2） 日本の石油関連政策と規制の変遷

① 規制の歴史

石油は生産から販売まで多くの規制がある。その根幹をなしているのが1962年10月の原油輸入自由化に備えて同年7月に施行された石油業法[注1]である。石油業法は石油産業の中・下流に位置する精製・販売のうち最低50％のシェアを政府がコントロールできるようにという思想がベースになって、石油製品の生産から販売まで、多岐にわたる規制を敷いたものである。

1973年10月に起こった第4次中東戦争に端を発した第1次石油危機とともに規制はさらに強化され、1973年12月に石油需給の適正化のために石油需給適正化法が、物価安定のために国民生活安定緊急措置法が施行された。この時、国民生活安定のため、灯油を安くガソリンを高くする標準価格が設定され、この基本方針は1996年まで続いた。

　1976年には一定量の石油の備蓄を義務づける石油備蓄法（③石油備蓄参照）、翌1977年にはSSの設置を制限する揮発油販売業法（注2）、1986年には石油製品の輸入自由化を標榜しながら実質的には新規参入者を阻止するために10年間の時限立法の形で、特定石油製品輸入暫定措置法（特石法 注3）が相次いで施行された。

（注1）：石油業法
　　　1962年の石油自由化時に制定された、日本の石油関連法案の根幹をなす法律。消費地精製主義を中心に、石油の安定的確保を目指す内容になっていたが、2002年1月に廃止された。

（注2）：揮発油販売業法
　　　ガソリン販売の過当競争を防ぐために定められた法律。販売業の登録などを行った。1977年に制定され、1996年には「揮発油等の品質の確保等に関する法律（品確法）」として改正された。

（注3）：特定石油製品輸入暫定措置法（特石法）
　　　ガソリン、灯油、軽油を輸入する場合には、通産省（現在の経済産業省）に登録するように定めた法律。良質の製品を安定的に確保することを目的にしていたが、1996年3月に廃止された。特石法とも呼ばれる。廃止後、石油製品の輸入が自由になった。

②　規制緩和

　しかしながら1986年夏の原油価格1バレル当たり10ドル割れを契機に、石油も一般原料商品（コモディティ）化したとの認識が政府にも広がり、翌1987年には規制緩和のアクションプログラムが策定され、緊急時以外は取引を自由にするとの施策に沿ってガソリンの生産指導、SSの転廃籍ルールなどの規制が段階的に廃止された。1996年3月末には特石法が廃止され、石油製品の輸入が自由化される一方、1996年4月に揮発油販売業法が「揮発油等の品質の確保等に関する法律（品確法（注1））」に改正された。こうして、特石法の廃止によって、石油政策は「安定供給の確保」とともに、市場原理

に基づく「効率的供給」の実現が目的となった。その後、石油審議会（注2）が1998年6月に需給調整規制は廃止することなどを骨子とする報告を取りまとめ、1999年8月には緊急時に対応するための国家備蓄の増強などが提言された。これらの結果、2001年末に石油業法が廃止となり、2002年1月に石油の備蓄と確保等に関する法律（新備蓄法）が施行された。

（注1）：揮発油等の品質の確保等に関する法律（品確法）
　　特石法の廃止に伴い、多様な石油製品が流通する可能性が生じたために品質の維持を目的として、1995年4月に制定され、翌1996年4月に施行された法律。揮発油販売業法を改正したもの。
（注2）：石油審議会
　　石油業法によって設けられた審議会。経済産業大臣の諮問機関で、石油の安定供給など石油政策について提言を行う。現在は省庁改編に伴い、総合資源エネルギー調査会の資源・燃料分科会となっている。

③ 石油備蓄

　石油備蓄は1972年に60日間分（それまでは操業上必要な45日間程度の在庫量が一般的であった）の備蓄増強計画が行政指導として始まり、1976年4月に石油備蓄法が施行された。石油備蓄法により一定量以上の生産、販売、輸入を行っている業者に1976年6月から基準備蓄量として90日分の石油備蓄が義務づけられた（民間備蓄注1）。その後、1978年に3,000万キロリットルを目標に国家備蓄（注2）が開始され、1989年度からは、国家備蓄は1990年代半ばまでに5,000万キロリットルを達成することが目標と掲げられ、1998年に達成された。なお、国家備蓄の積み増しの状況を踏まえて、1989年度から民間備蓄を段階的に削減する方向に政策が転換され、1993年以降は民間備蓄の義務量は70日分となっている。

　なお、前述したように、石油備蓄法は改正され、2002年1月からは「石油の備蓄の確保等に関する法律」が施行されている。国家備蓄は、国家石油備蓄基地や民間のタンクを借り上げて保有しており、そのほぼ100％が原油である。一方、民間備蓄は、製油所、基地、油槽所において、原油が50％、石油製品が50％の割合で備蓄されている。2017年5月末現在、国家備蓄で127日分（備蓄数量4,712万キロリットル）、民間備蓄で90日分（同3,326万キロリットル）の合計217日分（同8,038万キロリットル）の備蓄がある。

また、2002年7月に公布された「独立行政法人石油天然ガス・金属鉱物資源機構法」に基づき、2004年2月、独立行政法人石油天然ガス・金属鉱物資源機構（JOGMEC）が設立され、石油公団は2005年4月をもって解散した。石油、天然ガスの安定的な供給確保の役割を担ってきた石油公団の機能と、非鉄金属鉱物資源の安定的な供給確保を担ってきた金属鉱業事業団の機能が移管・集約され、独立行政法人石油天然ガス・金属鉱物資源機構が経済産業省との委託契約に基づき石油の国家備蓄の統合管理を行っている。更に同機構は、石油・天然ガス資源、金属資源の両分野において、出資・債務保証事業、技術・開発支援、情報収集・提供、地質構造調査資源備蓄などの分野でも活動している。

（注1）：民間備蓄

　　石油備蓄法で民間石油会社に義務付けられている原油の備蓄。当初90日分であったが、国家備蓄が始まるとともに、1992年以降70日分となった。

　　なお、2005年9月にハリケーン「カトリーナ」により、メキシコ湾岸の石油関連施設がダメージを受けたため、国際エネルギー機関（IEA）の加盟各国による備蓄の協調放出が実施された。日本では民間備蓄の放出で対応するため、一時的に備蓄日数を70日分から67日分に短縮する措置が取られた。

（注2）：国家備蓄

　　当初、石油公団法に則って石油公団が備蓄していた原油。1978年に始まり、5,000万キロリットル（90日分）の備蓄を目標としており、1998年に達成された。現在は、JOGMECが備蓄の管理を行っている。

④　原油の自主開発と消費地精製主義

1）　自主開発原油

　日本は長年、原油の安定的な確保を目指し、原油の供給地域を分散させる一方、日本の企業は資本参加した企業が海外で原油を自力で開発するよう努めてきた。

　日本の企業が資本参加した石油開発会社が、海外で探鉱・開発・生産した原油を自主開発原油という。自主開発には巨額な資金と長い期間を要する。なお、日本の企業は、中東、東南アジア、アフリカなど、世界各地で開発プロジェクトを実施している。2000年以前には、輸入原油の中で自主開発原油が占める割合は15%程度にまで達していたが、自主開発油田の約3分の1に

相当する日量30万バレル弱の生産量を誇っていたアラビア石油のカフジ原油が2000年2月にサウジアラビアとの採掘権の契約を打ち切られたため、原油の自主開発は深刻な打撃を被った。2000年以降は原油の輸入に占める自主開発原油の割合は10〜13％台で推移していたが、2008年以降は発表されなくなっている。

なお、2015年4月、国際石油開発帝石会社（INPEX）はアラブ首長国連邦（UAE）政府およびアブダビ国営石油会社（ADNOC）との間で、アブダビの陸上油田群の権益5％、日量約8万〜9万バレルの原油を40年間調達する権利の譲渡契約を締結した。

2）　消費地精製主義

戦後の日本の石油政策は、日本で使う石油製品は国内で原油を精製したものを主とし、輸入製品への依存は可能な限り抑えるという消費地精製主義を基本としてきた。また石油業法もこの考え方を前提としていた。

消費地精製主義とした当初の理由は（1）製品よりも原油の方が手当しやすく、国内で精製した方が安定供給に役立つ、（2）原油の方が石油製品より安く、海外へ払う外貨が少なくてすむ、（3）日本の需要構造に合わせた生産ができ、需給の過不足が少なくなる、（4）工場建設で建設費が国内に落ちるうえ、技術も習得でき、国内産業の振興に役立つ、（5）雇用の増加に寄与する、などがあった。

3）　消費地精製主義と石油製品輸入

日本は消費地精製主義を採用していたが、石油製品の輸入を禁止していたわけではない。石油業法施行後も電力、石油化学、農林水産業等の大口需要家の要請に基づき、重油、ナフサ、LPガス（液化石油ガス）などの輸入枠は徐々に拡大していった。1986年の特石法施行後はさらに、一定の条件下でガソリン、灯油、軽油の3品の輸入も認められるようになった。輸入製品の国内需要に占める比率は年々変化している。かつて、輸入量は需要の20％を超えていたが、湾岸戦争後、15％以下になり、2000年代に入ると15％程度で推移していたが、2010年以降は16〜19％と増加傾向となっている。現在は安定供給に支障がなくなってきたうえ、日本での精製コスト上昇などで、消費地精製主義の当初の理由はあまり当てはまらなくなってきた。

5. 価格変動要因

（1） 原油の需給要因と相場動向

① 供給面の要因

供給面では産油国、特にOPECの動向が注目される。OPECは原油価格を維持するため、年2回の定時総会と年数回の臨時総会を開催して、OPEC全体での生産枠を協議する。需給引き締めのために生産枠の削減に成功すれば価格は上昇し、生産枠を拡大すると価格が下落する要因となりやすい。なお、生産枠を削減しても、実際の生産量を減らすことができなければ、価格への影響は限られる。つまり、生産枠は常態的に守られておらず、それが世界に周知されているため、必ずしも価格がそのように動くわけではない。

全世界の原油消費量のうち、2015年12月現在のOPECへの依存度は40％前後となり、OPEC設立当初と比べると低下している。近年の原油消費の伸びや価格上昇の影響に加えて、OPECの結束の強さからOPECの価格への影響力は再び高まった時期もあったが、以前に比べると、OPECの原油価格の支配力は低下している。これは原油掘削技術が進歩し、新規油田の開発が全世界で進められたためである。また各国が備蓄政策をとっているので、原油の供給が減少しても、すぐ石油不足に陥ることもない。

供給面では、産油国の政情不安、テロなどの地政学的リスクも注目される。政情不安が石油供給不安につながるようなら、原油価格は上昇することとなる。

なお、OPECではバスケット価格（注）を算出して、その目標価格帯（プライスバンド）を22〜28ドルとして、下限を10営業日連続で下回った場合は日量50万バレル減産し、逆に上限を20営業日連続で上回った場合は日量50万バレル増産する体制をとっていた。しかし、バスケット価格が1年以上にわたってプライスバンドの上限（28ドル）を超えた状態が続き、価格が現実的でなくなったことから、2005年1月30日のOPEC臨時総会でプライスバンドの運用を一時停止することを決め、現在も停止したままとなっている。

(注)：バスケット価格

1987年より、バスケット価格は7油種の平均価格により算出していた。その後、OPEC加盟国の油種構成を適正に反映させるために、修正、変更を繰り返して、現在は構成油種を13油種とした新バスケット価格が導入された。13油種は下記の通り。

サハラブレンド（アルジェリア）、ジラソル（アンゴラ）、オリエンテ（エクアドル）、イラニアン・ヘビー（イラン）、バスラ・ライト（イラク）、クウェート・エクスポート（クウェート）、エスシダー（リビア）、ボニー・ライト（ナイジェリア）、カタール・マリーン（カタール）、アラビアン・ライト（サウジアラビア）、マーバン（アラブ首長国連邦＝UAE）、メレイ（ベネズエラ）、ミナス（インドネシア）。

②　需要面の要因

　原油需要は世界全体の景気動向がカギを握る。世界の景気が上向けば需要の増加から原油価格は上昇して、後退すれば需要が減って原油価格は下落する。1998年〜1999年初頭までの原油価格の低迷は、順調に成長していた東南アジア経済が経済危機に見舞われた影響が大きいといわれる。

　米国を含む北米・南米（チリ）は世界需要の4分の1を占める。また、2000年以降、経済成長の著しい中国は2009年に原油消費量が日本を抜いて世界で第2位になっており、米国や中国の景気・需要動向は特に注目される。

　米国ではガソリンやヒーティングオイルの需要・価格動向が原油価格へ影響を与えるケースも多い。夏場はガソリンの需要期となり、その需給や在庫の動向が原油価格へ影響を与え、冬場はヒーティングオイルの需要期となり、その需給や在庫の動向が原油価格へ影響を与える。

③　中東、北アフリカリスクと原油

1）　地政学的リスクは原油価格の大きな変動要因

　近年、原油価格の大きな変動要因の一つになっているのが、中東や北アフリカの政情不安、テロなどの地政学的リスクである。世界の火薬庫と呼ばれる地域に、世界有数の産油国が集中しているため、潜在的にそのようなリスクは付きものである。1948年のイスラエルの建国以降、4度にわたる中東戦争、さらには今も続くパレスチナ問題など、ユダヤ人とアラブ人の対立がこのようなリスクの根本にあるのは間違いない。ただ、それだけではなく、イ

スラム・スンナ派とシーア派の宗教対立、一部の王侯貴族と庶民の格差拡大、極端な女性差別、宗教原理主義的な法体系、一部の独裁者の誕生、さらにはクルド人などの他民族との紛争など、問題は多岐にわたっている。

2) 地政学的リスクと過去の原油の値動き

　過去の中東や北アフリカの地政学的リスクで、ニューヨークWTI原油価格が大きく動いた事例を挙げると、1990年8月にイラクがクウェートに侵攻した湾岸危機の時には、9月に40.10ドルまで急伸した。しかし戦争が始まった1991年1月には18.00ドルまで崩れていた。

　2003年2月には、イラク侵攻懸念で39.99ドルまで急伸したが、実際に戦争が始まった3月には26.30ドルまで下落した。

　2008年初めには、トルコ軍によるイラク北部のキルクーク油田のあるクルド人自治区の空爆や、ナイジェリアの紛争などで、100ドルの節目を突破した。さらに、イランのミサイル発射実験の実施によるイランとイスラエルの緊張化で、2008年7月には147.27ドルの史上最高値をつけた。

　なお、戦争あるいはその懸念ばかりでなく、中東や北アフリカでのテロ活動の常態化は見落とせない。2001年9月の同時多発テロをきっかけに米国を中心とした多国籍軍のアフガニスタン侵攻以降、それは顕著になっている。

　2010年12月のチュニジアの暴動に端を発した一連の「アラブの春」により、2011年2月に2008年のリーマンショック後、初めて100ドル台に乗せて、5月には114.83ドルの高値を付けた。

　これは、エジプトのムバラク大統領、リビアのカダフィ大佐を排除し、民主化のもと一定の成果を上げたと言われるものの、必ずしも改革が進んだとは言えず、失業、治安、経済などの問題は残り、武装勢力の拡散につながっている面があり、これが2013年1月の日本人の犠牲者が出たアルジェリアのテロにもつながった。また、産油国ではないが、シリアではアサド大統領の排除を狙った反政府運動が起こり、その後も泥沼化した内戦が進行中である。

3) 地政学的リスクはブレント原油価格の上昇要因

　中東・北アフリカの地政学的リスクの常態化が、近年の原油価格に如実に表れている事象としては、WTI原油と北海ブレント原油のサヤの逆転が挙

げられる。

　本来であれば、平均してAPI度 (注) が高く、より軽質な原油であるWTI原油がブレント原油より上ザヤにあるべきであり、実際、長年それが「常識」だった。しかし、2007年以降は、その常識が徐々に通じなくなり、「アラブの春」に歩調を合わせて、2017年6月現在もブレント原油がWTI原油よりも高い状態が常態化している。

　これは、ブレント原油自体の供給が細ってきたという要因ももちろんあるが、地政学的リスクでアフリカ産の供給懸念が常態化している背景もある。なぜなら、アフリカ産はブレント原油にリンクして取引されているためである。つまり、中東・北アフリカの地政学的リスクは、WTI原油以上にブレント原油を押し上げる側面があるといえる。

(注)：API度

　米石油協会（American Petroleum Institute）が定めた原油の密度（重い、軽い）を定めた単位。数字で示しており、数値が高いほど軽質でガソリン留分が多く採れる。

④　新エネルギーの動向

　原油は最大のエネルギー資源ではあるが、ここ数年、原油以外のエネルギー資源の供給が増え、原油価格の形成にも影響を与えている。天然ガス、太陽光発電、風力発電などの新エネルギーと称される生産が年々増えており、エネルギー資源のシェアは徐々に変わりつつある。

1）　2011年が転換点に

　2011年は、エネルギー政策面で、ターニングポイントとなるような大きな出来事があった。1つは、3月11日に発生した東日本大震災である。これにより、短期的には石油の供給障害が発生したが、その後は福島第一原発事故を受けた全国の原発の稼働停止の長期化により、電力の供給が火力発電などに移行し石油需要の増加が促された結果、燃料となるC重油の輸入や販売が前年に比べ急増した。中長期的には、脱原発を指向する流れが強まり、すでに温暖化対策や環境対策で近年言われてきた太陽光発電、風力発電などの新エネルギーがクローズアップされることになった。また、発電以外の需要面でも、エタノールなどのバイオ燃料の動向が注目されている。

2011年のもう1つの大きな出来事は、「シェールガス革命」である。米国を中心にシェールガスやシェールオイルの開発・増産が進んでおり、これが米国の天然ガス価格の長期低迷の主因となるとともに、これまでのオイルピーク説による石油枯渇懸念を半世紀は先送りするとみられている。

　なお、英石油大手BPが2016年6月に発表した世界エネルギー統計によると2014年の原油生産量でシェールオイル生産を急増させている米国が前年まで首位だったサウジアラビアを上回り、世界最大の産油国になった。米国が首位に立つのは1975年以来39年ぶりのことである。2015年の米国の原油生産量は、前年比8.5%増の1,270.4万バレルと大幅に伸ばして過去最高を記録した。一方、サウジアラビアは1,201.4万バレル、ロシアは1,098.0万バレルとなっている。さらに「BPエネルギー予測 2035」によると、米国は2005年まで石油の総需要の60%を輸入に頼っていたが、2030年代までには自給できると予測している。

2）　シェールガス革命

　シェールガスとは、頁岩層(けつがん)から採取される天然ガスのことで、従来のガス田ではない場所から生産される。

　ある試算では、1キロワット当たりの発電コストが、石油10円、風力20円、太陽光35円に対し、シェールガスは6円と安い。加えて、埋蔵量が少なくとも150年分と原油の約3倍の埋蔵量が確認されている（一部には300年以上あるとの見方もある）。また、シェールガスのCO_2排出量は石炭に対し40%、石油に対し15%も抑えられる。つまり、コストが安いうえ、埋蔵量も多く、さらには環境にもやさしいという良質の資源といわれている。

　現在、広く埋蔵が確認されているのは、米国、カナダ、ブラジル、アルゼンチン、オーストラリア、中国、欧州、南アフリカ共和国などである。現状では米国での生産が最大であり、米国のシェールガス年間産出量は2007年の約360億立方メートルから2009年には約900億立方メートルに増加し、2015年には1,800億立方メートルに倍増するとみられている。

　さらに、「BPエネルギー予測 2035」によると、現在では、北米が世界のシェールガス供給量のほぼ全てを占めているが、他の地域でもシェールガスの供給が行われることから、2035年では北米のシェールガス生産量は全体の

図表12　シェールオイル・ガスの分布図

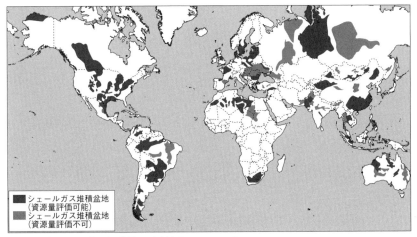

シェールガス堆積盆地
（資源量評価可能）
シェールガス堆積盆地
（資源量評価不可）

注：2013年5月現在、埋蔵量が確認されているエリア
資料：米エネルギー情報局（EIA）

4分の3程度にとどまると予測されている。

　中国も開発に着手しており、開発当初は年間300億立方メートルのシェールガスを産出する目標を掲げていた。なお、2015年10月の人民日報によると、中国のシェールガス確認埋蔵量は1,068億立方メートルであると発表された。中国の石油新規確認埋蔵量は10億6,000万トンで8年連続して10億トンを超えている。また、天然ガスの新規確認埋蔵量は9,438億立方メートルでこちらも12年連続して5,000億立方メートルを超えている。

　また、カナダ、オーストラリアでも開発の計画が進んでいる。これらを考えると、今後も、シェールガスは、原油の需要に大きな影響を与えると考えられている。

3）　新エネルギー

　温暖化対策としてCO_2の排出削減のため、また、特に東日本大震災以降は、脱原発の動きも加わり、ソーラーシステムを使った太陽光発電をはじめとして、風力、水力、地熱発電など、環境にやさしい再生可能エネルギー（新エネルギー）がこれまで以上に脚光を浴びるようになってきた。

　新エネルギーを、1997年に施行された「新エネルギー利用等の促進に関す

る特別措置法（新エネ法）」の対象として挙げると、太陽光発電、風力発電、太陽熱利用、温度差エネルギー、廃棄物発電、廃棄物熱利用、廃棄物燃料製造、バイオマス発電、バイオマス熱利用、バイオマス燃料、燃料電池など、多岐にわたるが、本書では、太陽光発電、風力発電などを中心に説明する。

　2011年度以前の発電量の構成比は、長らく火力（天然ガス、石油、石炭）が約60％、原子力が30％、水力が9％、新エネルギーが1％程度で推移していたが、2011年度は福島第一原発事故を受けて、全国の原発の稼働停止が長期化したことで、原子力の発電量が大幅に減少し、その分を火力で補った形となった。全体の発電量に対する新エネルギーの比率はまだ微々たるものではあるが、徐々に比率は高まっている。前項のシェールガスによる天然ガス発電が急増するのか否か、あるいは、原発の再稼働で原子力の発電が大きく回復するのか否かが、原油の需要に影響することになろう。以上のことを踏まえて、新エネルギーの太陽光発電、風力発電、バイオエタノールを説明する。

　ⓐ　太陽光発電

　太陽光発電とは、シリコンなどの光反応を利用して発電するシステムである。メガソーラーのような大規模なものだけでなく、各家庭にも導入可能なため、潜在的な需要増加の可能性は大きい。なお、ある試算では、太陽光発電システムを設置するとCO_2の排出量を約30％低減できるとされている。

　経済産業省が2009年8月に発表した「長期エネルギー需給見通し」では、2020年の発電量目標が2008年の20倍まで引き上げられている。2009年11月からは「太陽光発電の余剰電力買取制度（旧制度）」が開始されている。その後、東日本大震災を経て、2012年7月から新たに「再生可能エネルギーの固定価格買取制度（新制度）」が実施された。

　しかし、2014年9月以降、北海道、東北、四国、九州、沖縄の電力5社が、再生エネルギー発電事業者からの電力系統（送電線）への新規接続の申し込みに対する回答を一時的に保留するなど、上述の固定価格買取制度にかげりが見え始めたことなどから、経済産業省は同制度の抜本的な見直しを検討している。

図表13　世界の太陽光発電能力

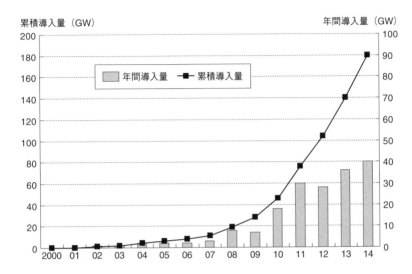

資料：European Photovoltaic Industry Association

図表14　世界の風力発電能力

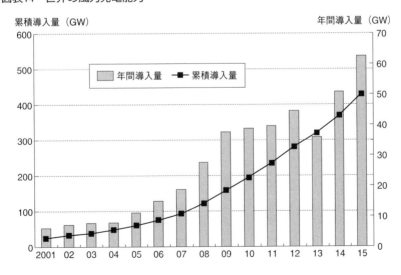

資料：Global Wind Energy Council

(b) 風力発電

　風力発電とは風車を回して、その回転運動で発電するシステムである。風力エネルギーの約40％を電気エネルギーに変換できる。安定した風力（平均風速6メートル／秒以上）の得られる北海道・青森・秋田・鹿児島などを中心に、全国で2,203基が稼動している（2017年3月現在・NEDO）。しかし、大型の風車を設置するには、安定した風力の他にも、搬入道路があることや、近くに高圧送電線が通っているなどの条件を満たすことが必要とされており、設置場所は限られている。

(c) バイオエタノール

　太陽光発電や風力発電以外の新エネルギーとして、バイオ燃料、特にバイオエタノールの動向が原油の代替需要として注目されている。バイオエタノールは、コーンやサトウキビなどのバイオマスを発酵・蒸留して生産される。毎年、計画的に生産が可能な穀物であることや、大気中の二酸化炭素（CO_2）量を増やさないことから、今世紀に入り、新エネルギー源として脚光を浴びてきた。世界的に、コーン由来は米国、サトウキビ由来はブラジルが主産国になる。

　2014年の米国のエタノール生産高は143億ガロンで過去最高を記録した。米国のガソリンの96％にはエタノールがブレンドされており、E10（エタノール含有率10％）ガソリンが主流となっている。つまり、米国のガソリン供給の約10％はバイオエタノールということになる。また、2012年4月には米国環境保護庁（EPA）がE15（エタノール含有率15％）ガソリンを承認しており、さらにバイオエタノールの需要は伸びると思われる。

　ブラジルでは、E25（エタノール含有率25％）ガソリンが主流だったが、供給が増加する需要に追いつかなくなり、混合義務が25％から20％に引き下げられた。したがって、設備投資が増強されれば、さらに生産高は増加することが期待できる。

　OECD-FAO「Agricultural Outlook 2017-2026」によると、世界のバイオエタノールの生産量は、2011年の1億300万キロリットルから2026年には1億3,700万キロリットルに達すると予測している。

4）原発の稼働動向

　前述したように、原油の需要に影響するという観点からすると、まだ新エネルギーは高コストで普及率が低いことや、気象条件により発電効率が左右されることなど課題が多く、今後、原発の再稼働が実現するか否かが、原油の需要を大きく左右する要因になる。

　東日本大震災以降、国民の中に脱原発の動きが活発となり、福島第一原子力発電所の原子炉は2011年3月の東日本大震災の被害で4基が2012年4月に廃止され、残る2基も2014年1月に廃止となった。さらに、2015年4月には、美浜1号機と2号機、玄海1号機、敦賀1号機の4基と、島根1号機が廃炉となった。その結果、2015年では、日本の原発は44基となっている。2014年4月の時点では、24基が原子力規制委員会に再稼働申請されていたが再稼働できるのは20基以下と推測されていたため、原子力の発電量は震災前と比較すると半減し、震災前に28％あった全発電量に占める原子力発電の割合も15％程度になっている。

　このような状況の中、川内原子力発電所1号機が事故後に制定された新規制基準での初めての承認を果たし、2015年8月に発電を再開した。

　世界の動向に関心を向けてみると、ドイツは2011年3月時点で17基の原子力発電所があったが、福島第一原発の事故後に8基が停止し、残る9基も順次停止され、2022年末には全ての原子力発電所が廃止される予定になっている。イタリアは1990年にすでに全原発を廃止していたが、その後、原発の再建設を企図したものの、福島第一原発の事故を受けて、計画を白紙に戻した。ただし、この両国は原発大国であるフランスなど他の欧州の国から、原発による電気の供給を受けられるという地域的利点がある。

　資源エネルギー庁のエネルギー白書2018年版のデータ（IEA「World Energy Balances 2017 Edition」）によると、全発電量に対する原発の割合は、ドイツが14％、イタリアは0％、フランスは78％となっている。なお、日本は2009年には26.9％だったが、福島第一原発の事故の影響で2011年には11.9％まで低下、2015年7月までは原発が稼働していなかったため0％となっていた。

⑤　その他の要因

原油はドル建てで輸出入されているため、日本での原油の輸入価格は為替の変動の影響を大きく受ける。日本は石油製品の原料となる原油のほぼ100％を輸入しているため、円高になれば原油の円換算価格が下がって石油製品価格も連動して下がることが多く、円安になれば原油の円換算価格も上がり、石油製品の価格も上がることが多い。

最近では、ファンド資金の流出入により相場の動向が影響を受けやすくなった。かつては戦略物資といわれていたが、今は市況商品としてコモディティ化したといわれている。

⑥　近年の相場動向

2004年に50ドル台まで上昇したニューヨーク原油価格は2005年にかけて引き続き上昇傾向をたどった。需要面では米国、中国など各国の需要が順調に伸び、供給面では米国でのガソリンの供給ひっ迫懸念などが原油相場を押し上げた。特に2005年8月に米国を襲ったハリケーン「カトリーナ」はメキシコ湾岸の石油関連施設へ大きなダメージを与え、価格上昇に弾みをつける格好となった。なお、ハリケーンによる価格高騰に対して、国際エネルギー機関（IEA）では加盟国による協調放出を実施し、一時的な価格沈静化につながった。

2006年から2007年にかけても、世界的に石油需要が伸び続け、産油国での政情不安などの地政学的リスク、米国での製油所トラブル、ハリケーン懸念などの様々な要因が重なったため、一時的に下落する場面を交えつつも、史上最高値を更新する展開が続き、2008年の年明けにかけては、トルコ軍によるイラク北部のクルド人自治区空爆やナイジェリアでの暴動などを背景に100ドルの節目を突破した。

その後も、イランによるミサイル発射実験の実施、イランとイスラエル間の緊張の高まりといった地政学的リスクや対ユーロでのドル安などを背景に原油価格は上昇を続け、2008年7月11日には147.27ドルの史上最高値をつけた。

しかし、2008年9月以降は米リーマン・ブラザーズの破綻に端を発した金融危機（リーマンショック）により株価が世界的に急落し、景気悪化による

図表15　ニューヨーク原油の価格推移（月末値）

単位：ドル/バレル

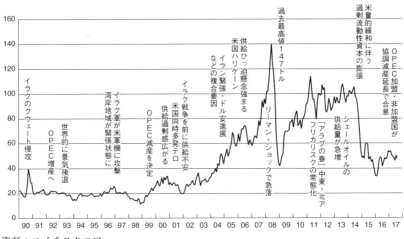

資料：エイチスクエア

　原油需要の減少見通しやドル高などの影響もあり、原油価格は暴落した。原油暴落に危機感を抱いた石油輸出国機構（OPEC）は2008年中に日量約3,620万バレルであったものを日量200万バレル、2009年1月からはさらに日量220万バレルの減産を実施すると発表したが、世界的な景気悪化や投機マネーの流出により、2008年12月には30ドル台前半まで下落した。

　その後は景気回復への期待や需要増加の見通しがついたこと、ユーロ・ドルがドル安に振れたことなどから徐々に原油価格は上昇し、2009年10月には80ドル台を回復するなど、一時期の安値からは大きく値を戻した。2010年には、70〜80ドル台をコアレンジとした比較的小幅なもみ合いとなった。2010年11月に米連邦準備制度理事会（FRB）が量的緩和第2弾（QE2）を発表したことで、ダウ平均株価がリーマンショック前の水準を更新し、金現物は当時の最高値（1,430.09ドル）を更新した。原油価格の騰勢は2011年にずれ込んだものの、2011年2月には約2年半ぶりに100ドル台に乗せている。しかし、2011年3月に発生した東日本大震災や欧州の金融危機懸念などもあり、世界的な需要減退懸念が浮上し、100ドル台乗せは長続きせず、年央にかけては70ドル台まで下落した。

また、チュニジアに端を発し、エジプト、リビア、シリアなどに拡散した「アラブの春」といわれる民主化運動によって、中東・北アフリカのイスラム産油国の政情不安による地政学的リスクが常態化し、特にイラン制裁による同国の原油輸入の禁止など、供給懸念の浮上が下値を支え、2012年の原油価格は70〜100ドルをコアレンジとしたもみ合いに収束した。

　2013年に入っても、シリアを中心に政情不安が続き、フランスのマリ進駐を受けて、アルジェリアでテロが発生するなど、これらの地域に対する懸念は続いている。このような地政学的リスクが下支えとなったことから2014年夏場までは100ドル付近の高値を維持した。しかし、2014年秋以降から相場は急落し、6月の直近高値107.73ドルから2015年1月には一時43.58ドルまで暴落し、一気に半値以下まで押し下がった。これは、北米のシェールオイル供給量が急増したこと、さらにサウジアラビアなど中東も増産体制を強めたことで原油の供給量が大きく増えたことが原因である。

　安値を出し切ってから相場は反発して60ドル付近まで上昇したものの、今度は中国の景気減速が鮮明となったことに伴い中国の石油需要が冷え込むのではないかとの観測が広がって再び下げに転じ、2016年1月は一時26.05ドルまで下げて2008年のリーマンショック後の安値33.2ドルを下回った。

▌6．原油の納会日における現金決済取引

　現金決済取引とは、納会まで未決済の状態となっている建玉について商品の受渡しを伴わず、約定価格と対象商品の現物価格に基づいて算出した最終決済価格の差金の授受により決済する取引である。東京商品取引所で取引されている原油先物の当月限の建玉で、取引最終日の取引終了後に残った建玉は、最終決済日に最終決済価格により自動的に決済される。

▌7．原油の最終決済価格

　最終決済価格は、調査価格をもとに下記（1）に規定する方法で価格を算出し、下記（2）に規定する月間平均邦貨換算レートにより邦貨に換算した

キロリットル当たりの価格とする。

（1）　石油価格の情報会社であるプラッツ社が発表した調査価格の月間総
　　　　計を調査価格採取日数で除した価格とする。ただし、発表価格が売
　　　　り気配値（又は高値）及び買い気配値（又は安値）として発表され
　　　　た場合は、調査価格の売り気配値（又は高値）の月間総計に買い気
　　　　配値（又は安値）の月間総計を加え、これをドバイ調査価格採取日
　　　　数に２を乗じた値で除した価格とする。
（2）　三菱UFJ銀行が公表する第１次為替相場の仲値の月間平均を計算
　　　　する。これを邦貨換算レートとする。
（3）　（1）の原油の月間平均価格を（2）の為替の月間平均価格で邦貨
　　　　換算する。その際、単位の換算にあたっては、１バレル＝0.1590キ
　　　　ロリットルとする。
（4）　10円未満を四捨五入する。

計算式＝（1）×（2）÷0.1590
この計算結果の10円未満を四捨五入したものが最終決済価格となる。

8. 取引要綱

プラッツドバイ原油　東京商品取引所

取引の種類	現金決済先物取引
現金決済先物取引の対象	ドバイ原油の価格を指標とする中東産原油
売買仕法	システム売買による個別競争売買（複数約定）
限月	新甫発会日の属する月から起算した6月以内の各限月（6限月制）
取引最終日	当月限の最終営業日（日中立会まで）
最終決済日	当月限の翌月第一営業日
最終決済価格	当該限月のドバイ原油の平均価格
新甫発会日	取引最終日の翌営業日、日中立会から
立会時間	日中立会： 　寄付板合わせ：午前8時45分 　ザラバ取引　：午前8時45分～午後3時10分 　引板合わせ　：午後3時15分 夜間立会： 　寄付板合わせ：午後4時30分 　ザラバ取引　：午後4時30分～翌日午前5時25分 　引板合わせ　：翌日午前5時30分
取引単位	50キロリットル（1枚）
呼値とその値段	1キロリットル当たり10円刻み
サーキットブレーカー幅 （SCB幅）	夜間立会開始時に前計算区域の帳入値段 （新甫発会の場合は隣接限月の帳入値段）を基に設定
即時約定可能値幅 （DCB幅）	基準値段※を基に設定 ※基準値段は原則として直近約定値段
証拠金	（株）日本商品清算機構が証拠金額計算の基礎となる値（変数）を決定
建玉数量の制限 （委託者）	制限を設けない。 ただし、当社が必要と認めた場合には、当社が必要と認めた建玉数量の制限を設けることができる。

注：2019年3月1日現在。その後の変更については、各商品取引所の通知を参照されたい。

ニューヨーク原油（WTI）

取引所	ニューヨーク・マーカンタイル取引所（NYMEX）
標準品	硫黄が0.42%以下、API比重37度以上、API比重42度以下の所定の 米国産のWest Texas Intermediate原油
呼値	1バレル
呼値の単位	0.01ドル
取引単位	1枚1,000バレル
取引方法	CMEグローベックス、CMEクリアポート、オープン・アウト・クライ（NY）
取引時間	CMEグローベックス CMEクリアポート

	CMEグローベックス CMEクリアポート	米東部時間午後6時〜翌日午後5時00分（日〜金）
	オープン・アウト・クライ	米東部時間午前9時〜午後2時30分（月〜金）

限月	9年先まで。5年目までは連続限月、それ以降は6月限と12月限。
納会日	前月25日の3営業日前。25日が非営業日の場合、その直近の営業日の3営業日前。
受渡日	当該月の第1営業日から最終営業日まで

注：2019年3月1日現在。

ブレント原油

取引所	インターコンチネンタル取引所（ICE）・フューチャーズ・ヨーロッパ
標準品	Sullon Voeで供給されるパイプラインの輸出品出のブレント原油
呼値	1バレル
呼値の単位	1セント
取引単位	1枚1,000バレル
取引方法	ザラバ方式（電子取引）
取引時間	ロンドン時間午前1時〜午後11時（月〜金）
限月	96カ月連続
納会日	受渡限月の2カ月前の最終営業日

注：2019年3月1日現在。

オマーン原油

取引所	ドバイ・マーカンタイル取引所（DME）
標準品	Loading Portで供給されるもとと同品質のオマーン原油
呼値	1バレル
呼値の単位	0.01ドル
取引単位	1枚1,000バレル
取引方法	ザラバ方式（電子取引）
取引時間	米中部時間午後4時〜翌日午後4時05分（日） 米中部時間午後4時45分〜翌日午後4時05分（月〜木）
限月	当該年と次の5年間の連続限月。12月限の納会のあと、新たな1年間の限月が追加。
納会日	受渡限月の2か月前の最終影響日

注：2019年3月1日現在。

石油製品

1. 石油製品の一般的知識

（1） 石油製品の種類と特性

① 石油製品の種類

　石油製品にはガソリン、ナフサ、灯油、軽油、重油、潤滑油、アスファルト、パラフィン、液化石油ガスなど各種ある。これらの石油製品は原油を成分ごとに分離して生産されるので連産品（注）と呼ばれている。このうち、ガソリン、灯油、軽油は無色透明かそれに近いところから白油、重油などは黒い色をしているところから黒油と呼ばれている。灯油、軽油、A重油の三つは総称して中間三品と呼ばれている。

（注）：連産品
　　同一工程において同一原料から生産される異種の製品で、相互に主副を明確にできないもの。石油製品は、原油からガソリン、灯油、重油などが同一工程で分離され、精製されるので典型的な連産品といわれる。

② ガソリンとは

　ガソリンは、ほとんどが自動車の燃料として消費される。ガソリンの特性として挙げられるのが、揮発性とアンチノック性である。気化のしやすさを揮発性といい、適度に揮発性の高いガソリンは、エンジンの点火燃焼がスムーズになる。アンチノック性とは、エンジン点火時に金属音がでるノッキング現象が発生しにくい性質を指し、この尺度をオクタン価で表す。オクタン価の高いガソリンほどアンチノック性に優れている。

③ 灯油とは

灯油は主に家庭暖房用に使われる。精製度の高いものを白灯油といい、特徴としては引火点が40℃以上と高いこと、燃焼性がよく、燃やした時に煙やすすが出ないことが挙げられる。白灯油はJIS規格で1号灯油に分類される。発動機や洗剤に使用される灯油を茶灯油といい、JIS規格では2号灯油に分類される。

④ 軽油とは

軽油は、ディーゼル燃料またはガスオイルと呼ばれ、ガソリンと同様に約97％が自動車用の燃料として使用される。しかし、ガソリンが主に自家用車に使用されているのに対して、高出力で熱効率が高い軽油はバスや大型トラックなどのディーゼルエンジン車の燃料として使われる。

⑤ 石油製品の得率

ガソリン、重油など製品別の生産比率を得率（注）という。得率は製品の生産量を原油の処理量で割って算出する。ガソリンが原油から20％採れるとすると、この原油のガソリンの得率は20％ということになる。得率は原油によって大きく異なり、一般的にはAPI度の高い原油（軽質油）の方がガソリンなど比重の軽い製品を多く採れる。API度が低くて重い原油（重質油）でもさらに分解すれば、ガソリンなどの得率を上げることができる。

得率は年によって大きな変動はないが、長期的には白油系統が少しずつ増えている。精製装置の機能向上に加えて需要が産業用中心から民生用中心に変わってきたためである。日本で製品別得率の最も高いのは重油で、次いで、ガソリン、軽油、灯油の順となっている。なお、米国のWTI原油ではガソリンの得率は約55％にも達する。

（注）：**得率**
　　イールドともいい、原油に対する各石油製品の生産比率。

⑥ 石油製品の規格

日本における石油製品の規格としては、生産段階では日本工業規格（JIS）がある。わが国の商品取引所の標準品としては、灯油ではJIS K2203の1号（暖房用灯油）、ガソリンではJIS　K2202の2号で硫黄分が

10ppm以下（レギュラーガソリン）、軽油ではJIS　K2204で硫黄分が10ppm以下と指定されている。軽油はさらに季節によって号数が異なってくる（注）。また、流通段階の規格として「揮発油等の品質の確保等に関する法律（品確法）」に基づく、流通規格（強制規格と標準規格）がある。

品確法は特定石油製品輸入暫定措置法（特石法）の廃止により、国内で多様な石油製品が流通する可能性があり、品質維持について明確な規定を設けるため、1995年4月に制定され、翌年4月より施行された法律である。同法では石油製品の品質を「環境」「安全」「性能」の3要素に分け、基準を定めている。「環境」、「安全」の項目については強制的な規格項目が設けられ、この強制規格を満たさない製品を国内で流通させることは禁止されている。一方、「性能」については強制項目を設けず、基本的には消費者選好にまかせることとし、標準的な品質としてJIS規格に準拠する標準規格を定めている。販売業者は標準規格を満たしている場合、「標準品質マーク（SQマーク）」の表示が許され、消費者はこのマークの有無を確認して、製品を購入できる仕組みになっている。

また、石油製品の規格は生産される国によってそれぞれ異なる（NYMEXで上場されている暖房油は日本の灯油よりは軽油に近い品質である）。日本に輸入される製品については強制規格を満たしているかどうかのチェックが通関段階で行われ、基準を満たさない製品については通関が認められない。

なお、ガソリン、軽油に関しては環境規制に対応するために硫黄分の低減化が進められ、2003年4月から硫黄分50ppm以下、さらに軽油は2007年、ガソリンは2008年より10ppm以下への規制強化が実施されている（「サルファーフリー」）。日本の元売りや石油精製会社では、これに先立ち2005年1月から、この規格に対応したガソリンや軽油の供給を開始している。さらに、バイオディーゼル燃料の利用環境整備の一環として2007年3月には、軽油の強制規格に脂肪酸メチルエステルなど4項目が追加されている。また、2009年2月には、エタノールなどをガソリンに混和する事業者の登録、品質確認制度が設置された。

加えて、2011年にディーゼル式特殊自動車（農業機械、建設機械など）が

規制強化（産業機械に対する第3次規制）され、2012年には、全てのオート
バイの試験モードが世界統一二輪車排出ガス試験手順（WMTC）に変更さ
れた。

　2013年11月、内閣官房日本経済再生総合事務局は「日本再興戦略・エネル
ギー施策」をまとめ、クリーンで経済的なエネルギーが供給される社会に向
け規制・制度改革等を推進する方針を掲げている。2017年2月、閣議決定さ
れた「産業競争力の強化に関する実行計画」（2017年版）では、エネルギー
システム改革の実行とエネルギーミックスの実現に向けて、さまざまな施策
が掲げられている。

(注)：軽油のJIS規格では、主に流動点（注1）の違いにより、特1号、1号、2
　　　号、3号、特3号、の5種類に分類される。
　　　軽油ついては、JISの使用ガイドラインによって地域ごと、季節ごとによって
　　　使い分けられている。関東地域では、夏期は特1号、冬場は2号、その他の
　　　季節は1号が使用されるのが望ましいとされている。
　　　また、「揮発油等の品質の確保等に関する法律（品確法）」による強制規格と
　　　して硫黄分セタン指数（注2）、蒸留性状（注3）の面で規定されている。
　　　特に昨今、環境保護が注目されていることもあり、自動車排出ガスに対する
　　　規制強化が著しい。自動車軽油の硫黄分については、1992年10月から、従来
　　　0.5％以下であった硫黄分は0.2％以下となり、1997年10月からは0.05％以下、
　　　2004年末には0.005％以下、さらに2007年には0.001％以下へと段階的に低減さ
　　　れた。

(注1)：流動点
　　　流動点とは、低温によって軽油全体が固まったような状態となり、燃料パイ
　　　プの中を流れなくなる温度をいう。冬季用の軽油は、この温度が低くなるよ
　　　うに作る必要があり、北海道など寒冷地の冬季用である特3号軽油の流動点
　　　は「－30℃以下」である。

(注2)：セタン指数
　　　軽油のディーゼル・エンジン内でのディーゼルノックの起こりにくさ（アン
　　　チノック性）を示す数値であり、軽油の着火のしやすさを表す。セタン価が
　　　高いほど自己着火しやすく、ディーゼルノックが起こりにくい。品確法によ
　　　ると、特1号、1号はセタン指数50以上、2号、3号、特3号はセタン指数
　　　45以上と定められている。

(注3)：蒸留性状
　　　分留性状ともいう。蒸留試験によって調べられた初留点、留出温度、終点、
　　　留出量などによって示される性状を言う。蒸留性状（90％留出温度℃）は特

1号、1号が360℃以下、2号は350℃以下、3号*、特3号は330℃以下と定められている。

* 3号は動粘度（30℃）が4.7mm²／s ｛4.7cSt｝ 以下の場合には350℃以下とする。

⑦ 石油製品の製造過程

原油を精製し、石油製品を生産する過程を簡略化して説明する（図表16）。まず、原油から泥や水分、塩分など不純物を分離する。次いで原油は加熱炉で330〜350℃に加熱され、常圧蒸留装置の精留塔と呼ばれる塔の下部に送り込まれる。精留塔はほぼ常圧で、加熱炉より圧力が低く、上部にいくほど低温になっているため、上部には沸点の低い軽い成分が、下部には沸点の高い重い成分が分離されていく。この過程を蒸留といい、分けられた成分を留分という。

品種別では、精留塔の最上部で石油ガス留分が、その下のトレイでナフサ留分とガソリン留分が取り出され、以下、灯油留分、軽油留分が順次取り出される。最も重い重油、アスファルトなどが残油として残される。各留分はさらに各工程に分けられ、それぞれの製品に調整されていく。一方、残油はさらに分解（クラッキング（注1））されて、ガソリンなど軽質留分が取り出されることもある。

また、ガソリンの品質向上には改質も多く行われている。改質とは炭化水素の性質を変えて低オクタン価のナフサを高オクタン価のガソリンに転換させることである。オクタン価（注2）の調整により、JIS1号ガソリン（ハイオク）とJIS2号ガソリン（レギュラー）が生産される。

（注1）：クラッキング
　沸点の高い炭化水素（重質分）を、沸点の低い炭化水素（軽質分）に分解すること。

（注2）：オクタン価
　ガソリンの耐爆性を示す値。0〜100まであり、オクタン価が高いほどアンチノック性が高く燃焼性がよい。

図表16　石油の精製過程

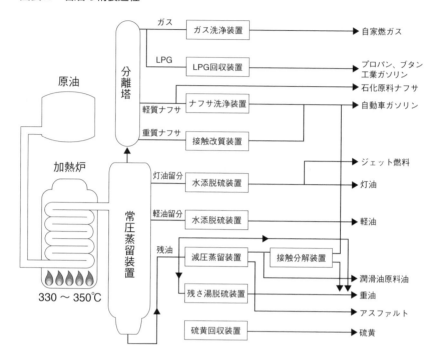

（2）　石油製品の用途・利用分野

①　石油製品の用途

　石油製品の用途は、発電から暖房、自動車などの燃料、機械の潤滑油、さらには化学製品の原料になるなど、多岐にわたる。

　石油連盟の「今日の石油産業2017」によると、2015年度の日本国内の石油生産の国内総需要は21,360万キロリットルで、最も多いのが自動車用燃料の8,809万キロリットルで石油製品全体の41.2％を占める。次いで多いのが化学用原料の5,178万キロリットルで24.2％、そして、家庭・業務用、鉱工業用、電力用と続く。

図表17　石油製品の用途別国内需要（2015年度）

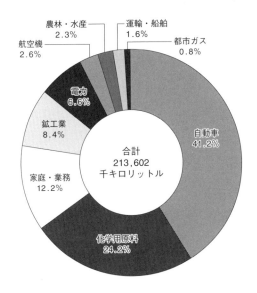

資料：石油連盟

②　石油製品の利用分野

　資源エネルギー庁の「エネルギー白書2018」によると、石油製品の利用分野を見ると、2016年度現在、日本では企業・事業所等が62.2％、運輸用が23.4％、家庭用が14.4％となっている。産業用の比率が他の先進国の平均と比較して高い。

　石油連盟の「今日の石油産業2017」によると、2015年度現在、製品別ではガソリン5,312万キロリットルのうち自動車が99.9％でそのほとんどを占めている。灯油は1,594万キロリットルのうち、家庭業務用が70.4％、鉱工業が18.4％、農林水産が11.2％となっている。ジェット燃料は5,464万キロリットルのすべてが航空機で消費されている。民生用は暖房向けが大半を占め、需要は冬場の気候などに左右される。産業用は工場などの暖房用の他、野菜のハウス栽培などにも使われている。また、ジェット燃料にも容易に転換できる。

ガソリン、軽油は自動車・トラックの燃料としてほぼ全量が使われている。この2つの製品は自動車関連の動向で需要が決まる。

　ナフサは98％が石油化学製品の原料になる。エチレン、プロピレン、BTX（ベンゼン、トルエン、キシレン）の生産に使われ、これらの製品を原料にプラスチック、合成ゴム、農薬、医薬など各種製品がつくられる。

　重油は産業用がほとんどだが、A重油、B重油、C重油によって用途が異なる。A重油は、重油の名称がついているものの、中間留分として扱われ、ハウス栽培やかわら焼成など比較的規模の小さな工場の熱源や小型ディーゼルエンジンなどに使われる。B重油は現在ほとんど生産されていない。C重油は大型ディーゼルエンジンや大型ボイラー、発電所などに使われている。C重油はかつて、製鉄所でも多く使われていた。

③　石油製品の用途・利用分野の変化

　日本での利用分野を1980年度以降の長期的なすう勢でみると、産業用の比率が減って運輸用の比率が増え、利用用途では発電、暖房、熱加工などの熱源用が減って自動車、船舶、航空機などの動力用やエチレン、プロピレンなどの石油化学用の需要が増えている。製品別ではガソリン、ナフサ、灯油、軽油、A重油は増加してきたが、軽油は1997年度以降、減少傾向にある。

　経済産業省の統計によると、1990年度の国内軽油需要は3,768万キロリットルから2000年度には4,174万キロリットルまで増加した。しかし過去10年は景気低迷により、減少傾向となり、2010年度は3,286万キロリットルに減少している。石油製品では1996年度以降、景気低迷、物流合理化、電力需要の減少などにより、減少傾向で推移している。B重油は過去20年間に急減し、C重油も減少傾向が続いている。重油Bと重油Cの需要合計は1990年度には4,662万キロリットルあったが、2000年度には3,136万キロリットルまで減少している。その後も減少傾向が続き、2010年度は1,733万キロリットルまで落ち込んでいる。しかし2011年度は東日本大震災の影響により、電力向けの需要は増加基調となっている。

　なお、石油製品の総需要は1995年度の2億4,540万キロリットルをピークに漸減傾向にあり、2016年度は1億7,692万キロリットルとなっており、これは前年度の1億8,048万キロリットルから356万キロリットルの減少である。

２．　石油製品の流通

（１）　石油製品の流通・価格形成

①　系列取引と系列外取引

　石油製品は、石油元売会社と特約店（代理店）契約を基にした系列取引と系列外取引の二通りがある。

　一般的には、石油元売会社のブランドにより販売するものを系列取引と呼称し、いわゆる業転取引を系列外取引と呼ぶ。ただし、これらを分ける明確な基準は存在していない。

　業転取引とは業者間転売取引の略で、系列外取引の総称である。その中味は非系列のバーター取引（物々交換取引）、売買取引があり、その中で長期契約取引、スポット取引、入札への応札等がある。出荷形態は持ち届け及び倉取り（ex-pipe ともいう）の二通りがある。倉取りとは、特約店が元売りなどの供給基地にタンクローリー及びタンカーを乗り付けて買う場合のことである。

　石油製品は連産品のため、ガソリン、灯油、軽油などの製品ごとに過不足が生じることがある。この過剰分を元売りや販売業者が業転市場で販売しており、業転は需給の調整弁的な役割も果たしている。

　最近では需給調整だけではなく、元売りが系列外に販売するケースも増えている。石油元売会社などから正式な数字は発表されていないが、全体の20％程度と推測されている。

②　系列向け価格

・仕切価格

　石油製品の価格は系列取引向けの価格と系列外取引向けの価格がある。

　系列向けの価格としては元売りの仕切価格がある。仕切価格は元売りが系列の特約店向けなどに出荷する時の価格で、特約店卸価格とも呼ばれ、輸送条件、数量などによって異なり、相対交渉で決まる。石油製品は元売りが特約店、ユーザーに届けるのが一般的だが、特約店が元売りなどの供給基地にタンクローリー及びタンカーを乗り付けて買う場合の倉取り価格は、持ち届

け価格より輸送費分安くなっている。

③ 系列外取引の価格

系列外での取引価格である業転価格は電話などで相対で取引し、価格、数量が折り合えば取引が成立する。最近では一部業界紙の指標価格を利用して値決めするケースも増えている。価格の変動が激しいが、需給を的確に反映しているので石油製品価格の実勢価格として指標になっている。

石油製品の価格は、以前はガソリンが高く灯油が低かったが、1995年ころから特石法の廃止を見越してガソリンが下がり、灯油が上昇し、現在は灯油、ガソリンの税抜き価格の差はなくなってきた（新価格体系(注)）。

(注)：新価格体系

1996年4月の特石法廃止により製品輸入が自由化された後に元売りにより打ち出された価格体系。国際的な価格体系にのっとり、ガソリン価格が引き下げられ、灯油価格が引き上げられた。

④ 物流手段

石油製品は、製油所もしくは輸入基地（1次基地）から、内航タンカー（バージ＝はしけ）、タンクローリー、パイプライン、鉄道（貨車）の主として4つの物流手段により末端に供給される。

物流経路はタンクローリー等により1次基地から直接末端に供給される場合と、1次基地から内航タンカー、鉄道貨車等により、油槽所と呼ばれる2次基地を経由してタンクローリーにて末端へ供給される場合がある。

（2） ガソリンの流通と価格

ガソリンの流通経路は灯油に比べると単純であり、大部分が元売りから特約店を経由して小売店（サービスステーション＝SS）という形で流通している。ガソリンは引火点が低く、爆発の危険もあるので、消防庁の定めた基準をクリアし、資源エネルギー庁に登録したSSだけしか扱うことができない。

販売形態は多様で、元売りの直売、一般特約店、商社系特約店、全農(注1)経由など各種あるが、販売量で最も多いのが一般特約店で、全体の約6割を占める。

SSは特約店から仕入れて販売している店もあるが、ガソリン販売量の約4割は特約店の直営SSが扱っている。SSはほとんどが元売りの系列に属し、店頭に元売りの商標（ブランド）の入ったマーク（サインポール）を掲げている。元売りのサインポールを掲げていない非系列のSSもあり、これを無印SSという。最近は元売りではなく自社のブランド（プライベートブランド）を掲げたSSも増えている。

図表18　ガソリンの流通経路

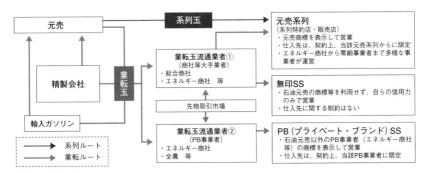

出所：ガソリンの流通実態に関する調査報告書（平成25年7月公正取引委員会）をもとに作成

SSは揮発油販売業法に基づき、長い間、許可制をとってきた。しかし、1996年1月に指定地区制度（注2）が廃止され、一定の設備要件さえ備えれば新設できるようになり、1998年4月にはユーザーが自分で給油するセルフサービスも認められた。この結果、大手スーパー、ディスカウントストア、カー用品店が自らの店舗にSSを併設したり、さらに全農がプライベートブランドで事業展開を図ったりするなど、競争が激化している。この結果、SSの数は1994年度に約6万カ所あったものが、2004年3月には約4万8,700カ所まで減り、2014年度には約3万3,500カ所まで減少し、2016年度末では3万1,467カ所まで減少している。セルフのSSは1998年の解禁以降、年々増え続け、2016年度末は9,856カ所まで増加している。

（注１）：全農

全国農業協同組合連合会の略称。都府県の経済連の２組織である、全国購買農業協同組合連合会（全購連）と、全国販売農業組合連合会（全販連）が合併して1972年に発足。従来両組織が行っていた販売・購買の事業に加え、協同利用施設、農地等処分事業が設けられた。

（注２）：指定地区制度

一定の距離がないとSSの設置を認めないという制度。

図表19　給油所およびセルフ給油所の推移

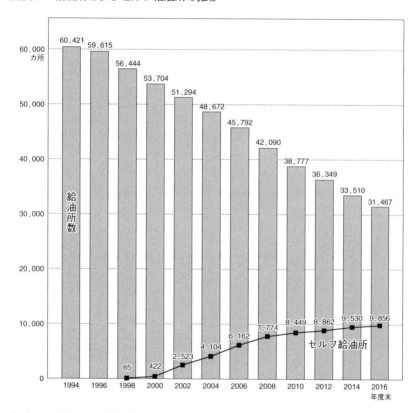

出所：経済産業省、石油情報センター

（3） 灯油の流通と価格

　灯油の利用分野は産業用と民生用があり、それぞれ流通経路が異なる。

　民生用は2014年の灯油販売量の約88％を占め、元売りの直売の他、販売業者を経由して小売店に流れている。民生用の特徴は流通経路が多岐にわたっていることである。販売業者のうち、卸段階では一般特約店のほか、燃料卸商、全農などがある。小売段階もSSの他、ホームセンター、燃料商、酒屋、米穀店、雑貨屋、農協など多種多様である。消防法で「灯油は移動タンク貯蔵所（タンクローリー）でも販売できる」と規定されていることから小売業者が多様化しており、中にはタンクローリーで移動販売する業者もある。販売は北海道を除くと、1缶（18リットル）単位が一般的である。

　同じく2014年の灯油の産業用は全体の約11％だが、特約店、燃料卸商を経由して販売されているほか、元売りの直売もある。数量は特約店経由が圧倒的に多い。

（4） 軽油の流通と価格

　軽油はガソリン同様に自動車用需要が多くを占めており、その流通もガソリンと似ているため、SS（サービスステーション）中心の販売形態となっている。しかし、ディーゼルエンジンがバスやトラックなどの大型車に使用されていることで、大口需要家に対する販売量の比率の高いことがガソリンとは異なっている。このため、一般のSSで販売する以外に、元売業者（注）や大手特約店が大口のバス会社やトラック会社のタンクに直接納入する「インタンク販売」を行う場合が多く、ガソリンと比べて直売比率が高いといった特徴がある。

　また、軽油販売に特化したSSで、長距離トラックなどをターゲットとする軽油専門のSSである「フリート」の存在もまた軽油流通構造の特徴として挙げられる。一方、個人客へのSS給油販売は「一般店頭」という。

　このように、小売販売段階で3層に分かれており、それに応じて価格も「インタンク」「フリート」「一般店頭」の「3階建て」といわれる価格体系になっている。価格は最も安い方から順にインタンク、フリート、一般店頭

というのが一般的である。

　なお、軽油はガソリン、灯油と同様に業転市場でも取引されており、バージで取引される場合やローリーで取引される場合など、取引方法は様々である。

(注)：元売業者
　　軽油の場合、一般的に言う元売りとは異なり、軽油を製造、輸入または販売することを業とし、総務大臣が指定した事業者のことを指す。「製造元売り」「販売元売り」「輸入元売り」の３種類がある。

3. 石油製品の価格変動要因

　ガソリン・灯油などの石油製品価格の変動要因には原油価格動向、為替要因、石油製品の需給要因があり、この３つの他に製品の流通事情や政策動向、税金などが組み合わされて石油製品の価格が形成されている。原油価格動向と為替要因については前述したので、ここでは石油製品の需給要因などを見ていくことにする。

（1）　石油製品の需給要因

①　石油製品の供給

　石油製品の供給面では４つの要因が価格に影響を与えている。第１が元売りの販売姿勢である。生産量を増やせば精製コストが下げられるものの、1999年頃から農協など異業種や外資系メジャーの市場参入もあり製品の価格競争が激しく、単純な増産は製品価格の下落に結び付くことや、また景気低迷の長期化による需要の減少の影響もあって、元売りは採算や需給の両面を考慮しながら生産を調整している。

　第２は連産品という石油製品の特性である。ガソリンの需要に合わせて生産すれば他の製品の過不足が生じ、他の製品に合わせて生産すれば今度はガソリンに過不足が生じることも起こる。元売りは油種間の生産転換を行って対応しているが、急場には間に合わないことが多い。例えば、冬の寒さが長引けば灯油不足になるし、不景気になれば産業用の軽油と重油が余る。

　第３が元売りの油種別の販売力の差である。ガソリンの販売に強い元売り

があれば、重油の販売に強い元売りもあり、元売りごとに製品の需給バランスが異なってくる。つまり、売れ行きのよい製品に合わせて生産すると他の製品が余ってしまうことになる。

第4が石油製品の輸出入である。特石法の廃止で石油製品の輸入が自由化された。輸入することにより当該輸入量のうち一定量の備蓄が必要とされるので一概にはいえないが、国内価格が高騰すれば製品輸入が増え、価格が低下すれば輸出されるという需給の調整弁になっている。

② 石油製品の需要

2016年度の日本の石油製品別消費比率（販売ベース）は、ガソリンが29.7％を占め、次いでナフサが25.3％、軽油が18.8％、灯油が9.2％、A重油が6.8％、B・C重油が7.2％、ジェット燃料が3.0％となっている。これを欧米諸国と比較すると、日本は欧米に比べて灯油の比率が高く、米国に比べてガソリンの比率が低い。また欧州に比べて軽油の比率が低くなっている。ガソリン需要は自動車保有台数の増加を受け、堅調に推移してきたが、最近では自動車保有台数の伸び悩みとガソリン価格の高騰の影響を受けて減少している。軽油も最近の景気低迷を反映して、需要は減少している。灯油は景気や個人消費よりも冬場の気温に左右される傾向が強いが、軽油などに比べて比較的需要は安定していると言える。販売量は近年、どの油種も頭打ち傾向から減少、あるいはほぼ横ばいで推移している。

石油製品の需要は景気情勢、個人消費、天候などが価格に影響を与える。灯油は寒さが続けば需要が増え、需給はひっ迫して価格が上がり、暖冬なら需給が緩み価格が下がることが多い。ガソリンは景気と個人消費の影響が大きく、連休の有無、天候などによっても消費量は違ってくる。

③ ガソリン価格の特徴

ガソリンは自動車用需要がほとんどであるが、自家用車の燃料として使われるため、行楽用需要の増減が注目される。

このため、行楽意欲を刺激するような大型連休となる年末年始、ゴールデンウィーク、夏期休暇などの時期の天候が注目される。好天であれば、需要は増加する傾向にあり、悪天候であれば需要が後退する。特に、需要期として注目される夏期休暇中の天候が需給に大きな影響を与える。また、同時に

夏場にはカーエアコンの稼働状況がガソリンの燃費に影響を与えるため、天候と同時に気温推移も注目される。

　また、2004年以降の原油価格の高騰により、大型、普通自動車から軽自動車に乗り換える動きや、環境保護に対する関心の高まりでエコカーへの買い替え需要の動きが広がっている。エコカーとは、電気自動車（EV）や燃料電池自動車（FCV）の他に、ハイブリットカー（HV）、クリーンディーゼル車、メタノール自動車の総称である。エコカーの保有台数が増加すれば、ガソリン需要の減少につながるとともに、潜在的な価格の押し下げ要因となる。

　また、ガソリン車の競合として、欧州で需要の多いディーゼル車がある。一般に、ディーゼル車の燃料は軽油であるため、ディーゼル車の普及が進むとガソリンの需要が減少するとともに、これも価格の下落要因となる。

　ガソリン、軽油の他に、近年、バイオエタノール燃料の普及も見込まれている。バイオエタノール燃料とは、サトウキビやトウモロコシなどの植物資源を発酵させて作られるエチルアルコール燃料のことを指す。なお、2016年に日産自動車がバイオエタノールを燃料電池にする技術を開発したが、これを併用することで航続距離をEVの3倍にすることができる。

④　灯油価格の特徴

　灯油はほとんどが暖房用として使用されるため、冬場の需要が大半を占める。このため、冬場の気温推移が最も需給に影響を与える。また、冬場の需要を見越して、概ね毎年春から秋にかけて在庫を積み上げていくため、この在庫動向も注目されやすい。なお、気温は地域によって大きく異なるため、北部ほど1世帯あたりの一人当たりの灯油需要が多いことや、南部よりも早い時期から需要が喚起されるため、気温の推移は地域別に注目される傾向がある。

　一方、夏場はほとんど需要が発生しないため、原油価格の動向が主な価格変動要因となる。

　また、灯油の特徴的なものに生協価格がある。この価格は札幌に本拠を置く生協と元売りの間で毎年決められ、それが他の取引価格の指標になっていたが、近年ではディスカウントストアなどが元売りと独自に価格交渉を進め

るようになり、指標性は薄れている。生協価格は秋口に当初の価格を決め、その後、需給状況に応じ価格を変更する方式となっている。

図表20　石油製品の国内販売推移

単位：1,000kl

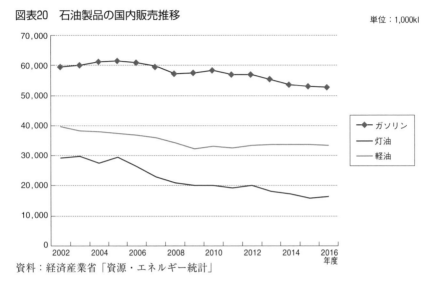

資料：経済産業省「資源・エネルギー統計」

⑤　軽油価格の特徴

　軽油は、そのほとんどがディーゼルエンジン車の燃料として使用されるため、保有台数や稼働状況が需要に影響する。欧州ではディーゼル車の人気は高く、普及率は40％を超えているが、2017年3月末時点での日本の普及率は13.2％である。ただし、欧州ではこれからディーゼル車の普及率は伸び悩むと見られており、また、東欧では増加の予想だったものの、2015年9月に起きたフォルクスワーゲンの排出ガス規制に対する不正発覚問題以降は増加予想が覆されている。

　これに対し、日本では、軽油はガソリンより価格が安く、燃費が良いという反面、排気ガスがガソリンよりも多いという欠点を持つため人気がなく、おもにトラックやバスなどの商用車に限られていたものの、近年では環境規制が強化され、硫黄分の低減化が進んだことや、欧州を中心にクリーンで安価なディーゼルエンジンが開発されたことから、ハイブリッド車や電気自動車とともに注目されている。

トラックのディーゼル車生産台数（普通乗用車と小型四輪自動車の合計）は、2014年が68万5,037台で前年の63万4,184台から8.0％の増加となっている。

ディーゼル車の稼働状況については、年間を通して大きく変わることはなく、気温や天候に大きく需要が左右される灯油やガソリンとはその需要構造が異なる。軽油はガソリンと比較しても需要は年間を通じて安定している。これは、ガソリンの場合は行楽期の天候により需要が影響されるのに対して、軽油は企業活動用の需要が多く、恒常的に消費されることがその理由となっている。ただ、季節的に輸送が活発になる年末（歳暮による需要など）と３月（引越しによる需要など）などには比較的需要が増加する傾向がある。

（2）　税制、環境問題

①　税　　金

1）　輸入段階の税金

石油にはさまざまな税金が課せられている。石油への課税は、石油製品の原料である原油および石油製品が輸入された段階で、関税（石油製品のみ）と石油石炭税（2,040円／キロリットル）が課せられていた。原油関税（170円／キロリットル）は2006年度より無税となり、これと合わせて、原油から精製される揮発油（ガソリン）、灯油、重油などの石油製品の関税についても引き下げが行われた。石油製品の関税に関しては、2006年度より６年間で段階的に引き下げられている。

ガソリンを例に取ると2006年度は1,240円／キロリットルであったが、翌2007年度には1,179円／キロリットルに引き下げられた。その後も毎年度、段階的に引き下げられ、2011年度には934円／キロリットルまで引き下げられ、現在も同水準を維持している。灯油、軽油、重油も引き下げ率に差はあるが段階的に引き下げられ、2012年以降は固定化されている。

一方、石油石炭税（改定前：2,040円／キロリットル）は2012年10月に250円／キロリットル引き上げられ2,290円／キロリットルとなり、2014年４月に2,540円／キロリットルに、さらに2016年４月からは2,800円／キロリット

図表21　石油諸税（2017年度）

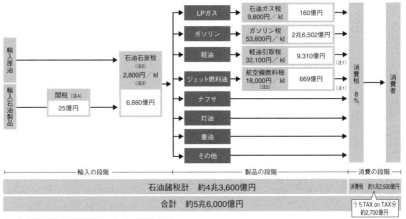

（注）：1. 軽油引取税と航空機燃料税にはTAX on TAX（併課）はない
　　　 2. 石油石炭税は原油、輸入石油製品、石炭、LNG、LPGが課税対象となっており、税収には原油および輸入石油製品以外への課税分を含む
　　　 3. 「地球温暖化対策のための課税の特例」による上乗せの3段階目（最終）として、2016年4月1日に2,540円／klから2,900円／klに引き上げられた
　　　 4. 2006年4月より原油関税（170円／kl）は撤廃され、石油製品関税のみとなった（関税収入は2015年度実績に基づく石油連盟試算値）
　　　 5. 航空機燃料税は、2011年4月1日より租税特別措置法に基づき、26,000円／klから18,000円／klに引き下げられている（2020年3月31日まで）
　　　 6. 四捨五入の関係により合計が一致しない場合がある

資料：財務省主税局資料、総務省自治税務局資料等

ルに引き上げられている。

2）　製品段階の税金

　製品別では、ガソリンは揮発油税と地方道路税（いずれも国税）が課せられており、一般に二つを合わせてガソリン税と呼ぶ。税額は合計で53,800円／キロリットルと石油関係の税金では最も高い。他に軽油には軽油引取税（地方税）、ジェット燃料油には航空機燃料税（国税）、液化石油ガスには石油ガス税（国税）がある。ガソリン税は製油所からガソリンが出荷される段階で課税され、精製・元売会社が納税義務者となっている。軽油引取税は製造段階ではなく、特別徴収義務者である特約業者（注）または元売業者が、販売または卸売した段階で課税され、消費地の都道府県に納税する。一方、灯油には製品段階では税金が課せられていない。

　いずれの石油製品もこれらに消費税が加わり、石油関連の税金は国税、地方税も合わせ、2014年度には年間6兆1,200億円に達している。税金は平均で1バレル当たり約40ドルに相当している。

（注）：特約業者
　　　元売りと販売契約に基づいて、継続的に軽油の販売を受け、販売することを
　　　業とし、都道府県知事が指定した事業者。

②　環境問題

　石油が関係する環境問題は、自動車の排ガス汚染、石油を燃やすときに出
る硫黄酸化物（SOx）、窒素酸化物（NOx）による環境汚染や二酸化炭素
（CO2）による温暖化問題、また健康に害があるとされる粒子状物質など数
多くあり、政府、石油業界はこれまでに諸施策を講じている。

　2003年10月より首都圏8都県市と協力して、埼玉、千葉、東京、神奈川の
全域で、一斉にディーゼル車の走行規制が実施され、粒子状物質減少装置の
装着やより低公害な車への買い換えが進むこととなった。それから3年後の
2006年4月からは規制の基準値が強化され、基準を満たさないディーゼル車
の都内走行を禁止している。

　また、最も影響が大きいと思われる自動車燃料の品質向上については、
2005年1月より前倒しで、ガソリンおよび軽油のサルファーフリー化（硫黄
分10ppm以下）が実施された。さらに2007年3月末には、バイオディーゼ
ル燃料の整備の一環として、軽油の強制規格にFAME（注1）など4項目が
追加された。また、2009年2月には、エタノール、ETBE（注2）などをガソ
リンに混和する事業者の登録制度、品質確認制度が設置された。

　環境保護のため、エコカー販売促進策が採用され、ハイブリットカー、電
気自動車など低公害車を購入すると、補助金が支給されるエコカー補助金制
度が2009年4月にスタートし、クリーンエネルギーに関心が高まっている。

　法整備としては、1996年に「揮発油販売業法」が「揮発油等の品質の確保
等に関する法律」（品確法）に改正されて、環境・安全面からの法的規制と
して品質基準（強制規格）が設定された。また、石油精製業者や販売業者に
維持義務が課せられ、強制規格以外に性能面の項目も加えて標準的な品質を
満たしていることを示す品質表示制度として、「SQマーク」が導入されて
いる。

　なお、石油連盟では2010年度までに2000年度比30％削減を目標とした自主

行動計画を策定し、VOC（注3）排出抑制に取り組んできた。2010年度の排出量は2000年度比31％の削減となり、その後も取り組みを継続し、2013年度の排出量は2000年度比36％の削減となっている。

図表22　品確法強制規格（2017年4月現在）

ガソリン	
現行の規格	規格値
鉛	検出されない
硫黄分	0.001質量％以下
MTBE	7体積％以下
ベンゼン	1体積％以下
灯油混入	4体積％以下
メタノール	検出されない
実在ガム	5mg/100ml以下
色	オレンジ色
酸素分※1	1.3質量％以下
エタノール※1	3体積％以下

※1　E10対応自動車として道路運送車両法の登録または車両番号の指定を受けている自動車用のガソリンについては、酸素分は「3.7質量％以下」、エタノールは「10体積％以下」として認められている。

軽油	
現行の規格	規格値
セタン指数	45以上
硫黄分	0.001質量％以下
蒸留性状	90％留出温度360℃以下
トリグリセリド	0.01質量％以下
脂肪酸メチルエステル（FAME）※2	0.1質量％以下

※2　上記は現在日本で一般的なFAMEを混合しない軽油の場合。
FAMEの混合は品確法強制規格として0.1質量％超5.0質量％以下として認められており、その場合、メタノール（0.01質量％以下）、酸価（0.13mgKOH/g以下）、ぎ酸・酢酸・プロピオン酸（合計0.003質量％以下）、酸化安定性（規定の試験法で酸化安定度65分以上または酸価の増加0.12mgKOH/g以下）の規定がある。

灯油	
現行の規格	規格値
硫黄分	0.008質量％以下
引火点	40℃以上
色	セーボルト色＋25以上

重油	
現行の規格	規格値
硫黄分	3.5質量％以下
無機酸	検出されない

（注1）：FAME

　　脂肪酸メチルエステル。

　　ディーゼル車などの軽油向けに混合されて使われる化合物。二酸化炭素排出削減効果がある。

（注2）：ETBE

　　エチル・ターシャリー・ブチル・エーテル。

　　自動車ガソリンに混合されて使われる化合物。二酸化炭素排出削減効果がある。

（注3）：VOC

　　揮発性有機化合物（Volatile Organic Compounds）の略称で、塗料、印刷インキ、接着剤、ガソリンなどに含まれるトルエン、キシレン、酢酸エチルなどの物質を指す。

（3）価格構成と生産コスト（参考）

　石油製品のコストとしては、原材料である原油価格、原油の輸送費および保険料、また精製費、管理費、税金、流通経費などがかかる。
　石油製品価格（バージ価格）の基本的な算出式は次のようになる。

国内石油製品価格＝原油CIF価格(注1)**＋石油税＋元売りマージン**(注2)

　2015年1月末現在で、石油税はキロリットル当たり2,540円、元売りマージンについては、おおむね15,000円前後と言われるが、各元売りの販売姿勢やその時々の需給要因、油種などにより大きく変わってくる。このため、上記の算出式はあくまでも参考であり、実勢価格と一致しない場合も多い。

（注1）：原油CIF価格
　　1バレル（約159リットル）当たりドル建ての原油価格をキロリットルあたりの円価格に換算する式は「ドル建て価格×ドル・円相場÷0.159」となる。また、CIF価格とは「運賃保険料込み（Cost, Insurance and Freight）」の価格という意味で、指定地までの運送費、保険料が売り手により負担されるという条件の価格である。
（注2）：元売りマージン
　　元売りマージンには備蓄コスト、精製費、販売管理費などを含めている。

4. 石油製品の先物市場

東京商品取引所の石油製品先物市場

日本の石油製品の先物市場は、1999年に東京工業品取引所（現・東京商品取引所）と中部商品取引所（2007年に中部大阪商品取引所となり、2011年に解散）にガソリン、灯油が上場されたことに始まる。

2001年には東京工業品取引所に原油が上場され、次いで2003年には軽油が上場された。これにより白油三品が揃って上場されることになったが、軽油は商いの薄さで、2006年にいったん取引休止となった。その後、2010年から取引が再開されているが、ガソリン、灯油に比べると、出来高は少ない。

また、東京商品取引所は中部大阪商品取引所の解散を受けて、ガソリン、灯油をそれぞれ中京ガソリン、中京灯油として受け継いだが、これも出来高は東京ガソリン、東京灯油に比べると少なく、日本の石油製品の先物市場のメインは東京ガソリン、東京灯油ということになる。

東京バージガソリン、東京バージ灯油ともに出来高のピークは2003年で、それぞれ2,567万7,079枚、1,320万8,350枚であった。2005年以降、日本の商品先物市場全体の縮小傾向が続いているが、2015年も減少傾向に変化はなかった。2015年の出来高は、ガソリン168万5,518枚、灯油41万8,314枚の合計210万3,832枚（前年比－17.8％）、2016年はガソリンは99万2,868枚、灯油が23万7,165枚と更に減少した。ただし、この原因は、石油製品人気から原油市場へと人気が転化しているためで、2016年の原油出来高は596万3,788枚に達し、年間出来高として上場来最高の記録を更新した。

取引単位は50キロリットル、呼値は1キロリットル当たり10円で、1,000円の値動きで1枚当たり5万円の損益が発生する。

5. 情報ソース

（1） 海外の情報ソース

　原油の需給状況を把握する上で、次のものが市場関係者に注目されている。

　　国際エネルギー機関（IEA）の需給見通し（年次、月次）
　　米石油協会（API）統計（週次）
　　米エネルギー情報局省（EIA）統計（月次、週次）

　なお、石油輸出国機構（OPEC）からも需給統計が発表されている。
　民間では、石油メジャーの英BPが年1回、米国の石油専門誌のオイル＆ガスジャーナル（OGJ）が四半期に1回、需給統計を発表している。

（2） 国内の情報ソース

　国内の石油製品需給については、経済産業省から石油統計速報、財務省から原油・石油製品の輸入通関実績が毎月発表されている。経済産業省・資源エネルギー庁からは、「総合エネルギー統計」なども発表されており、その中でエネルギー需給実績などが公表されている。
　また、石油連盟が原油・石油製品供給統計週報を発表している。
　ガソリン・灯油・軽油の末端価格は、石油情報センターが日本各地の数字を集計し、発表している。

6. 取引要綱

東京バージガソリン　東京商品取引所

取引の種類	現物先物取引
標準品	日本工業規格のK2202の２号の品質基準に適合するレギュラーガソリン
売買仕法	システム売買による個別競争売買（複数約定）
限月	新甫発会日の属する月の翌々月から起算した６月以内の各月（６限月制）
当月限納会日	当月限の前月25日（日中立会まで。当日が休業日に当たるときは順次繰り上げ）
新甫発会日	当月限納会日の翌営業日（日中立会から）
受渡日	当月限の１日から当月限の末日まで
受渡供用品	（１）標準品と同格の品質基準（日本工業規格のK2202の２号）を満たした、国内精製ガソリン又は輸入通関後の輸入ガソリン （２）ガソリン税の扱い：先物市場における取引はガソリン税抜きとするが、受渡代金にはガソリン税を付加する
受渡品の増減の許容範囲	±２％ （１回の引き取りごと）
受渡場所	海上出荷設備を有する神奈川県、東京都及び千葉県に所在する製油所又は油槽所のうち、当社が指定した場所とする
受渡方法 ※注１	（１）受渡場所の選択権：渡方に帰属する （２）受渡方法：内航船による受渡 （３）受渡日の選択権：原則として、受方に帰属する （４）受渡当事者の決定：抽選により決定する。但し、納会日から抽選で決定するまでの間に、合意により受渡当事者の組合わせが成立した場合には、この限りではない （５）分割受渡：受渡に当たっては、分割して受渡を行うことができる
立会時間	日中立会 　寄付板合わせ：午前８時45分 　ザラバ取引　：午前８時45分 ～ 午後３時10分 　引板合わせ　：午後３時15分 夜間立会 　寄付板合わせ：午後４時30分 　ザラバ取引　：午後４時30分 ～ 翌日午前５時25分 　引板合わせ　：翌日午前５時30分
取引単位	50キロリットル（１枚）
受渡単位	100キロリットル（１枚）＊受渡単位１枚は取引単位２枚分に相当
呼値とその値段	１キロリットル当たり10円刻み
取引の提示価格と税金	東京湾沿海の製油所及び油槽所の海上出荷価格で、ガソリン税（揮発油税及び地方揮発油税）及び消費税を除いた価格
サーキットブレーカー幅（SCB幅）	夜間立会開始時に前計算区域の帳入値段 （新甫発会の場合は隣接限月の帳入値段）を基に設定
即時約定可能値幅（DCB幅）	基準値段※を基に設定 ※基準値段は原則として直近約定値段
証拠金	（株）日本商品清算機構が証拠金額計算の基礎となる値（変数）を決定
建玉数量の制限（委託者）	売または買のそれぞれにつき次の数量 　一般委託者 　　　当月限　　　　　 250枚 　　　翌月限　　　　　 500枚 　　　その他限月　　　各1,500枚 　当業者、投資信託等及びマーケット・メーカーの委託者 　　　当月限　　　　　2,000枚 　　　翌月限　　　　　3,000枚 　　　その他限月　　　各5,000枚

注１：受渡については、本要綱の基本受渡のほかに受渡条件調整制度、申告受渡制度、ADP制度があります。
注２：2019年３月１日現在。その後の変更については、各商品取引所の通知を参照されたい。

東京バージ灯油　東京商品取引所

取引の種類	現物先物取引
標準品	日本工業規格のK2203の1号の品質基準に適合する灯油
売買仕法	システム売買による個別競争売買（複数約定）
限月	新甫発会日の属する月の翌々月から起算した6月以内の各月（6限月制）
当月限納会日	当月限の前月25日（日中立会まで。当日が休業日に当たるときは順次繰り上げ）
新甫発会日	当月限納会日の翌営業日（日中立会から）
受渡日	当月限の1日から当月限の末日まで
受渡供用品	標準品と同格の品質基準（日本工業規格のK2203の1号）を満たした、国内精製灯油又は輸入通関後の輸入灯油
受渡品の増減の許容範囲	±2% （1回の引き取りごと）
受渡場所	海上出荷設備を有する神奈川県、東京都及び千葉県に所在する製油所又は油槽所のうち、当社が指定した場所とする
受渡方法 ※注1	（1）受渡場所の選択権：渡方に帰属する （2）受渡方法：内航船による受渡 （3）受渡日の選択権：原則として、受方に帰属する （4）受渡当事者の決定：抽選により決定する。但し、納会日から抽選で決定するまでの間に、合意により受渡当事者の組合わせが成立した場合には、この限りではない （5）分割受渡：受渡に当たっては、分割して受渡を行うことができる
立会時間	日中立会 　寄付板合わせ：午前8時45分 　ザラバ取引　：午前8時45分～午後3時10分 　引板合わせ　：午後3時15分 夜間立会 　寄付板合わせ：午後4時30分 　ザラバ取引　：午後4時30分～翌日午前5時25分 　引板合わせ　：翌日午前5時30分
取引単位	50キロリットル（1枚）
受渡単位	100キロリットル（1枚）＊受渡単位1枚は取引単位2枚分に相当
呼値とその値段	1キロリットル当たり10円刻み
取引の提示価格と税金	東京湾沿海の製油所および油槽所の海上出荷価格で消費税を除いた価格
サーキットブレーカー幅 （SCB幅）	夜間立会開始時に前計算区域の帳入値段 （新甫発会の場合は隣接限月の帳入値段）を基に設定
即時約定可能値幅 （DCB幅）	基準値段※を基に設定 ※基準値段は原則として直近約定値段
証拠金	（株）日本商品清算機構が証拠金額計算の基礎となる値（変数）を決定
建玉数量の制限 （委託者）	売または買のそれぞれにつき次の数量 一般委託者 　当月限　　　　　　250枚 　翌月限　　　　　　500枚 　その他限月　　各1,500枚 当業者、投資信託等及びマーケット・メーカーの委託者 　当月限　　　　　2,000枚 　翌月限　　　　　3,000枚 　その他限月　　各5,000枚

注1：受渡については、本要綱の基本受渡のほかに、受渡条件調整制度、申告受渡制度、ADP制度があります。
注2：2019年3月1日現在。その後の変更については、各商品取引所の通知を参照されたい。

東京バージ軽油　東京商品取引所

取引の種類	現物先物取引
標準品	揮発油等の品質の確保等に関する法律施行規則第22条第1項の規格に適合し、かつ、日本工業規格のK2204の品質基準（各限月毎に、以下に掲げる当該限月に対応する種類についての品質基準）に適合する軽油 　1月限～3月限及び12月限　　　　　2号 　4月限～5月限及び10月限～11月限　1号 　6月限～9月限　　　　　　　　　　特1号
売買仕法	システム売買による個別競争売買（複数約定）
限月	新甫発会日の属する月の翌々月から起算した6月以内の各月（6限月制）
当月限納会日	当月限の前月25日（日中立会まで。当日が休業日に当たるときは順次繰り上げ）
新甫発会日	当月限納会日の翌営業日（日中立会から）
受渡日	当月限の1日から当月限の末日まで
受渡供用品	（1）受渡供用品：標準品の品質基準を満たした国内精製軽油又は輸入通関が完了した輸入軽油 （2）軽油引取税の扱い：先物市場における取引は軽油引取税抜きとするが、軽油引取税の課される受渡しがなされる場合には受渡代金に軽油引取税を付加する
受渡品の増減の 許容範囲	±2％ （1回の引き取りごと）
受渡場所	海上出荷設備を有する神奈川県、東京都及び千葉県に所在する製油所 又は油槽所のうち、当社が指定した場所とする
受渡方法 ※注1	（1）受渡場所の選択権：渡方に帰属する （2）受渡方法：内航船による受渡 （3）受渡日の選択権：原則として、受方に帰属する （4）受渡当事者の決定：抽選により決定する。但し、納会日から抽選で決定するまでの間に、合意により受渡当事者の組合わせが成立した場合には、この限りではない （5）分割受渡：受渡に当たっては、分割して受渡を行うことができる
立会時間	日中立会 　寄付板合わせ：午前8時45分 　ザラバ取引　：午前8時45分～午後3時10分 　引板合わせ　：午後3時15分 夜間立会 　寄付板合わせ：午後4時30分 　ザラバ取引　：午後4時30分～翌日午前5時25分 　引板合わせ　：翌日午前5時30分
取引単位	50キロリットル（1枚）
受渡単位	100キロリットル（1枚）※受渡単位1枚は取引単位2枚分に相当
呼値とその値段	1キロリットル当たり10円刻み
取引の提示価格と税金	東京湾沿海の製油所及び油槽所の海上出荷価格で軽油引取税及び消費税を除いた価格
サーキットブレーカー幅 （SCB幅）	夜間立会開始時に前計算区域の帳入値段 （新甫発会の場合は隣接限月の帳入値段）を基に設定
即時約定可能値幅 （DCB幅）	基準値段※を基に設定 ※基準値段は原則として直近約定値段
証拠金	（株）日本商品清算機構が証拠金額計算の基礎となる値（変数）を決定
建玉数量の制限 （委託者）	売または買のそれぞれにつき次の数量 　一般委託者 　　当月限　　　　　　250枚 　　翌月限　　　　　　500枚 　　その他限月　　各1,500枚 　当業者、投資信託等及びマーケット・メーカーの委託者 　　当月限　　　　　2,000枚 　　翌月限　　　　　3,000枚 　　その他限月　　各5,000枚

注1：受渡については本要綱の基本受渡のほかに受渡条件調整制度、申告受渡制度、ADP制度があります。
　　　また、委託者の属性により受渡数量の上限が異なります。
注2：2019年3月1日現在。その後の変更については、各商品取引所の通知を参照されたい。

中京ローリーガソリン　東京商品取引所

取引の種類	現物先物取引
標準品	日本工業規格のK2202の２号の品質基準に適合するレギュラーガソリン
売買仕法	システム売買による個別競争売買（複数約定）
限月	新甫発会日の属する月の翌々月から起算した６月以内の各月（６限月制）
当月限納会日	当月限の前月25日（日中立会まで。当日が休業日に当たるときは順次繰り上げ）
新甫発会日	当月限納会日の翌営業日（日中立会から）
受渡日	当月限の１日から当月限の末日まで
受渡供用品	（１）標準品と同格の品質基準（日本工業規格のK2202の２号）を満たした、国内精製ガソリン又は輸入通関後の輸入ガソリン（ただし、Ｅ３（エタノールを３％含有するガソリンをいう。）を除く。） （２）ガソリン税の扱い：先物市場における取引は、ガソリン税抜きとするが、受渡代金にはガソリン税を付加する
受渡品の増減の許容範囲	±２％ （１回の引き取りごと）
受渡場所	愛知県名古屋市港区潮見町及び同県海部郡飛島村に所在する油槽所のうち、当社が指定した場所
受渡方法 ※注１	（１）受渡場所の選択権：渡方に帰属する （２）受渡方法：タンクローリーによる受渡し （３）受渡日の選択権：原則として、受方に帰属する （４）受渡当事者の決定：抽選により決定する。但し、納会日から抽選で決定するまでの間に、合意により受渡当事者の組合わせが成立した場合には、この限りではない （５）分割受渡：受渡に当たっては、分割して受渡を行うことができる
立会時間	日中立会 　寄付板合わせ：午前８時45分 　ザラバ取引　：午前８時45分〜午後３時10分 　引板合わせ　：午後３時15分 夜間立会 　寄付板合わせ：午後４時30分 　ザラバ取引　：午後４時30分〜翌日午前５時25分 　引板合わせ　：翌日午前５時30分
取引単位	10キロリットル（１枚）
受渡単位	10キロリットル（１枚）
呼値とその値段	１キロリットル当たり10円刻み
取引の提示価格と税金	愛知県名古屋市港区潮見町及び同県海部郡飛島村に所在する油槽所の陸上出荷価格で、ガソリン税（揮発油税及び地方揮発油税）及び消費税を除いた価格
サーキットブレーカー幅 （SCB幅）	夜間立会開始時に前計算区域の帳入値段 （新甫発会の場合は隣接限月の帳入値段）を基に設定
即時約定可能値幅 （DCB幅）	基準値段※を基に設定 ※基準値段は原則として直近約定値段
証拠金	（株）日本商品清算機構が証拠金額計算の基礎となる値（変数）を決定
建玉数量の制限 （委託者）	売または買のそれぞれにつき次の数量 一般委託者 　　当月限　　　　　300枚 　　翌月限　　　　　600枚 　　その他限月　　　各3,600枚 当業者、投資信託等及びマーケット・メーカーの委託者 　　当月限　　　　　1,500枚 　　翌月限　　　　　3,000枚 　　その他限月　　　各6,000枚

注１：受渡については本要綱の基本受渡のほかに受渡条件調整制度、申告受渡制度、ADP制度があります。
注２：2019年３月１日現在。その後の変更については、各商品取引所の通知を参照されたい。

中京ローリー灯油　東京商品取引所

取引の種類	現物先物取引
標準品	日本工業規格のK2203の1号の品質基準に適合する灯油
売買仕法	システム売買による個別競争売買（複数約定）
限月	新甫発会日の属する月の翌々月から起算した6月以内の各月（6限月制）
当月納会日	当月限の前月25日（日中立会まで。当日が休業日に当たるときは順次繰り上げ）
新甫発会日	当月限納会日の翌営業日（日中立会から）
受渡日	当月限の1日から当月限の末日まで
受渡供用品	標準品と同格の品質基準（日本工業規格のK2203の1号）を満たした、 国内精製灯油又は輸入通関後の輸入灯油
受渡品の増減の 許容範囲	±2％ （1回の引き取りごと）
受渡場所	愛知県名古屋市港区潮見町及び同県海部郡飛島村に所在する油槽所のうち、 当社が指定した場所
受渡方法 ※注1	（1）受渡場所の選択権：渡方に帰属する （2）受渡方法：タンクローリーによる受渡し （3）受渡日の選択権：原則として、受方に帰属する （4）受渡当事者の決定：抽選により決定する。但し、納会日から抽選で決定するまでの間に、 　　合意により受渡当事者の組合わせが成立した場合には、この限りではない （5）分割受渡：受渡に当たっては、分割して受渡を行うことができる
立会時間	日中立会 　寄付板合わせ：午前8時45分 　ザラバ取引　：午前8時45分〜午後3時10分 　引板合わせ　：午後3時15分 夜間立会 　寄付板合わせ：午後4時30分 　ザラバ取引　：午後4時30分〜翌日午前5時25分 　引板合わせ　：翌日午前5時30分
取引単位	10キロリットル（1枚）
受渡単位	10キロリットル（1枚）
呼値とその値段	1キロリットル当たり10円刻み
取引の提示価格と税金	愛知県名古屋市港区潮見町及び同県海部郡飛島村に所在する油槽所の 陸上出荷価格で、消費税を除いた価格
サーキットブレーカー幅 （SCB幅）	夜間立会開始時に前計算区域の帳入値段 （新甫発会の場合は隣接限月の帳入値段）を基に設定
即時約定可能値幅 （DCB幅）	基準値段※を基に設定 ※基準値段は原則として直近約定値段
証拠金	（株）日本商品清算機構が証拠金額計算の基礎となる値（変数）を決定
建玉数量の制限 （委託者）	売または買のそれぞれにつき次の数量 一般委託者 　当月限　　　　　300枚 　翌月限　　　　　600枚 　その他限月　　各3,600枚 当業者、投資信託等及びマーケット・メーカーの委託者 　当月限　　　　1,500枚 　翌月限　　　　3,000枚 　その他限月　　各6,000枚

注1：受渡については本要綱の基本受渡のほかに受渡条件調整制度、申告受渡制度、ADP制度があります。
注2：2019年3月1日現在。その後の変更については、各商品取引所の通知を参照されたい。

ニューヨーク改質ガソリン

取引所	ニューヨーク・マーカンタイル取引所（NYMEX）
標準品	ニューヨークとニュージャージー販売用の、「代替え可能Fグレード」としてコロニアルパイプラインが示している、変形燃料エタノールを10％添加したRBOB（注1）（含酸素添加用改質ガソリンブレント基材）の業界基準に準拠したもの。
呼値	1ガロン
呼値の単位	0.01セント
取引単位	42,000ガロン（1,000バレル）
取引方法	CMEグローベックス、CMEクリアポート、オープン・アウト・クライ（NY）
取引時間	CMEグローベックス CMEクリアポート / 米東部標準時間 午後6：00-午後5：00（日〜金）（午後5：00から45分休止）
	オープン・アウト・クライ / 米東部標準時間 午前9：00-午後2：30（月〜金）
限月	36カ月の連続限月
納会日	受渡月の前月の最終営業日

注1：RBOBは、ニューヨーク港はしけ市場で取引されている、卸販売の酸素非含有のブレント基材で、トラック・ラック（トラックの荷台にとりつける運搬や収納用の枠）で、エタノール10％の添加ができるもの。
注2：2019年3月1日現在。

ニューヨークヒーティングオイル

取引所	ニューヨーク・マーカンタイル取引所（NYMEX）
標準品	No.2 heating oil供用品の業界基準に適合するもの
呼値	1ガロン
呼値の単位	0.01セント
取引単位	42,000ガロン（1,000バレル）
取引方法	CMEグローベックス、CMEクリアポート、オープン・アウト・クライ（NY）
取引時間	CMEグローベックス CMEクリアポート / 米東部標準時間 午後6：00-午後5：00（日〜金）（午後5：05から45分休止）
	オープン・アウト・クライ / 米東部標準時間 午前9：00-午後2：30（月〜金）
限月	当該年と次の3年間と1カ月の連続限月
納会日	受渡月の前月の最終営業日

注1：2019年3月1日現在。

図表20　東京石油市場　年間出来高推移

年間出来高表

単位：枚

	東京商品取引所					
	ガソリン	灯油	原油	軽油	中京ガソリン	中京灯油
1999	3,973,668	1,441,163	—	—	—	—
2000	14,370,266	6,741,173	—	—	—	—
2001	16,441,056	8,301,559	911,597	—	—	—
2002	20,866,237	10,482,433	2,037,215	—	—	—
2003	25,677,079	13,208,350	1,809,711	372,977	—	—
2004	23,648,587	13,036,277	2,284,572	235,844	—	—
2005	17,448,561	7,295,741	1,981,389	6,312	—	—
2006	12,932,848	4,492,904	1,961,190	2	—	—
2007	7,529,706	2,350,819	1,489,018	0	—	—
2008	4,054,761	1,319,014	755,520	0	—	—
2009	2,732,376	1,026,529	624,307	0	—	—
2010	2,509,734	1,196,729	943,450	4,366	7,800	3,856
2011	2,462,261	900,700	1,297,512	11,314	65,225	52,213
2012	2,390,679	746,163	1,285,388	9,787	61,919	38,232
2013	2,257,935	925,421	1,166,495	4,644	33,409	14,607
2014	1,869,868	689,541	897,229	974	22,214	9,705
2015	1,685,518	418,314	3,651,528	200	15,070	8,150
2016	992,868	237,165	5,963,788	—	10,159	5,744

取引単位：各銘柄1枚当たり50kl、ガソリン・灯油は2006年4月限から100klから50klに
　　　　変更

図表21　NY石油市場　年間出来高推移

年間出来高表

	ニューヨーク・マーカンタイル取引所			
	改質ガソリン	ヒーティングオイル	原油	天然ガス
1992	—	—	20,679,922	—
1993	—	—	24,332,234	—
1994	—	—	26,689,379	—
1995	—	8,263,032	23,815,450	—
1996	—	8,308,806	23,195,761	—
1997	—	8,364,302	24,249,362	—
1998	—	8,822,738	30,278,670	—
1999	—	8,986,340	36,618,264	—
2000	—	9,230,371	35,877,436	—
2001	—	8,996,738	36,459,104	5,706,809
2002	—	10,552,573	45,058,079	24,164,858
2003	—	11,551,159	45,205,227	18,912,070
2004	—	12,878,895	52,798,234	17,406,660
2005	1,964	13,132,066	59,583,254	18,938,795
2006	3,881,369	13,986,889	70,942,014	22,555,057
2007	19,789,464	18,075,464	121,295,824	29,614,914
2008	20,517,522	19,564,124	134,270,485	38,506,809
2009	21,159,328	21,415,770	137,228,282	47,867,729
2010	27,894,614	26,960,979	168,384,313	64,286,553
2011	31,124,108	31,829,574	174,654,213	76,810,575
2012	36,603,841	36,087,707	140,531,588	94,799,542
2013	34,470,288	32,749,553	147,690,593	84,282,495
2014	34,421,866	33,946,420	145,147,334	74,206,602
2015	40,302,099	36,947,020	202,202,392	81,772,492
2016	45,428,663	39,389,349	276,768,438	97,480,591

取引単位：改質ガソリン・ヒーティングオイルは1枚当たり42,000ガロン、原油は1,000バ
　　　　　レル、天然ガスは100万btu

ゴ　ム

1．ゴムの歴史

　ゴムは天然ゴムと合成ゴムに大別される。天然ゴムはトウダイグサ科ヘベア属のパラゴムノキなどから採取されたゴム液（ラテックス）を凝固、加工したものである。人類が天然ゴムを使用した歴史は古く、古代にまでさかのぼる。一方、石油化学により製造される合成ゴムの歴史は比較的新しく、1930年以降である。

（１）　天然ゴムの発見

　天然ゴムが人類の歴史に初めて姿を現すのは、6世紀のアステカ文明の壁画に描かれた、ゴムで作った道具を神に捧げる図であると言われている。また、11世紀のマヤ文明の遺跡からも、ゴムの使用が推測されている。

　欧州文明に初めてゴムが紹介されたのは、アメリカ大陸に漂着したコロンブスが、1493年の2回目の航海において、プエルトリコとジャマイカに上陸した時と言われている。ここでコロンブスは、現地のインディオたちが、地面に当たって大きく弾む黒く重いボールを遊びの道具として使っていたり、樹液から出る液汁（ゴム・ラテックス）を繊維に塗り付け、防水布や水筒などの生活の道具として使用していたりするのを発見した。

　もっとも、こうして欧州文明に伝わったゴムも、コロンブスの発見からしばらくは、「インディアン・ラバー」として珍重された程度で、今日のような商業的、実用的な利用の対象とはならなかった。

　1736年、フランスのラ・コンダミーヌは南米でインディオからゴムを入手し、雨を防ぐゴム引布を作成した。その後、水やアルコールには溶解しないが、テレビン油とエーテルには溶解するというゴムの特性が発見されたことで、英国のマッキントッシュが溶解したゴムを布に塗り付けてレインコート

を作った。また、英国の科学者プリーストーリーは1770年頃、鉛筆の文字を消す効果を発見した。

　こうしてゴムは、徐々に実用的な用途に利用されるようになったが、当時は科学的な製造方法もなく、また南米のアマゾン川流域でしか得られない非常に高価なものだったため、「黒い黄金」とさえ呼ばれていた。なお、ゴムを表すラバー（Rubber）という言葉は、英語で「こすって消す」を意味する「rub out」に由来している。

　その後、1826年に英国の科学者ファラデーによって、天然ゴムはC_5H_8に相当する炭化水素から成っていることが発表され、この時点で現在のものに近い天然ゴムが得られた。

　以下には、天然ゴム生産に関する歴史的に重要な出来事を2つ記しておく。

（2）　加硫法の発明

　1839年、米国コネチカット州のチャールズ・グッドイヤーは、実験中の偶然から、生ゴムに硫黄を混ぜて過熱すると、ゴムの弾性が大幅に増加し、かつ熱に対しても安定性が大きく高まることを発見した。これが加硫ゴムであり、その製造方法は加硫法と呼ばれた。

　この発明によって、ゴムは弾性、不浸透性、電気絶縁性などのほかに、強じん性と耐久性が加わり、利用価値が格段と広がり、近代ゴム工業の始まりへとつながっていった。

（3）　英国の独占

　こうしてゴムの商業的、工業的な利用価値が高まった一方で、その供給量は限られていたため、19世紀後半から20世紀にかけて、ゴム価格の高騰を招くことになった。

　そこで当時、既に帝国主義への道を歩んでいた英国は、東南アジアの植民地におけるゴム樹の栽培を計画する。それは、まずアマゾン川流域の野生のゴムの種子を英国に持ち帰り、ロンドンの英国王室植物園で発芽させ、これをもって東南アジアの英国の植民地にゴム農園をつくる、といったものだっ

た。

そして1876年、ウィッカムが初めて発芽に成功し、1877年からその苗木をセイロンに移植、さらにここを拠点として、マレー半島をはじめ東南アジア各地にゴム農園が作られていった。

こうした試みはオランダなどの植民地でも行われたが、結局は成功せず、以来、第二次世界大戦まで、英国が世界の天然ゴム市場を独占することとなった。

（4） 合成ゴムの登場

ゴムの消費量は、自動車の発達とともに急増した。1885年にドイツのベンツは初めてガソリン・エンジン自動車を製作し、1890年代に入ると、微量金属成分によるゴムの老化抑制効果など、その劣化を防ぐ技術が開発されて、ゴム工業の加速度的な成長に拍車をかけた。

20世紀に入ると、モータリゼーションの結果、自動車タイヤ向け需要が一段と増加した。しかしその反面、天然ゴムは生産地が限られているうえ、消費地は世界中の広範な地域にわたり、その用途も広範に拡大したことから、世界の経済情勢の変化や、国際緊張の増大、緩和などを敏感に映し、一次産品の中でも価格変動の激しい国際商品のひとつとなった。

こうしたゴム需要の爆発的な増大、天然ゴム供給の不安定さに加え、第一次世界大戦における軍事的要請などもあって、天然ゴム以外の原料によってC5H8を採取し、合成ゴムを生産しようとする研究開発が盛んに行われた。この動きは1930年以降に急速に進み、第二次世界大戦中のドイツにおいて、石油化学を駆使した合成ゴムの実用生産が行われた。これをきっかけに、米国での大量生産、さらなる改良研究など、天然ゴムの代替製品として新しいタイプの合成ゴムが次々と開発、生産されていったのである。

（5） 合成ゴムの発展

天然ゴムは品質的に優れ、合成ゴムより高価で、生産量も多かったが、1962年には合成ゴムの生産量が天然ゴムに並び、その翌年からは生産量において合成ゴムが優るに至った。現在では、合成ゴムの消費が天然ゴムのそれ

をはるかに超えている。

　自動車の大型化にともない、タイヤの摩擦性（グリップ力）が求められる
ようになり天然ゴムの摩擦性の強度が見直され、天然ゴムの需要そのものは
衰えを見せていない。2015年の天然ゴムと合成ゴムの世界の需要比率は46：
54で2005年の43：57と比較して若干天然ゴム比率が増えているものの極端な

図表1　世界ゴム需給統計

単位：千トン

年	天然ゴム			合成ゴム			合計		
	生産	消費	在庫	生産	消費	在庫	生産	消費	在庫
1981	3,660	3,670	1,530	8,545	8,520	1,940	12,205	12,190	3,470
82	3,680	3,620	1,610	7,875	7,970	1,730	11,555	11,590	3,340
83	3,940	3,970	1,620	8,335	8,350	1,700	12,275	12,320	3,320
84	4,165	4,250	1,590	9,040	9,020	1,770	13,205	13,270	3,360
85	4,300	4,360	1,570	8,960	9,040	1,730	13,260	13,400	3,300
86	4,390	4,400	1,600	9,260	9,380	1,720	13,650	13,780	3,320
87	4,750	4,750	1,650	9,460	9,560	1,580	14,210	14,310	3,230
88	5,030	5,070	1,580	10,160	9,990	1,810	15,190	15,060	3,390
89	5,120	5,190	1,610	10,030	10,040	1,890	15,150	15,230	3,500
1990	5,060	5,180	1,530	9,890	9,660	2,090	14,950	14,840	3,620
91	5,150	5,040	1,600	9,270	9,330	2,050	14,420	14,370	3,650
92	5,430	5,300	1,720	9,240	9,330	1,960	14,670	14,630	3,680
93	5,320	5,410	1,600	8,560	8,650	1,870	13,880	14,060	3,470
94	5,740	5,650	1,640	8,850	8,870	1,910	14,590	14,520	3,550
95	6,070	5,950	1,780	8,480	9,270	2,120	14,550	15,220	3,900
96	6,440	6,110	2,100	9,760	9,560	2,340	16,200	15,670	4,440
97	6,470	6,460	2,130	10,080	10,000	2,400	16,550	16,460	4,530
98	6,820	6,560	2,560	9,880	9,870	2,450	16,700	16,430	5,010
99	6,820	6,630	2,750	10,340	10,200	2,570	17,160	16,830	5,320
2000	6,762	7,381	2,180	10,818	10,764	2,650	17,580	18,145	4,830
1	7,332	7,333	2,260	10,483	10,253	2,870	17,815	17,586	5,130
2	7,326	7,556	2,090	10,877	10,874	3,000	18,203	18,430	5,090
3	8,020	7,939	2,170	11,379	11,386	3,080	19,399	19,325	5,250
4	8,746	8,718	2,198	11,999	11,878	3,080	20,745	20,596	5,278
5	8,907	9,205	1,717	12,073	11,868	3,070	20,980	21,073	4,787
6	9,827	9,690	1,854	12,612	12,631	3,051	22,439	22,321	4,905
7	9,890	10,178	1,566	13,347	13,249	3,229	23,237	23,427	4,795
8	10,128	10,175	1,519	12,711	12,703	3,237	22,839	22,878	4,756
9	9,690	9,330	1,879	12,385	12,213	3,409	22,075	21,543	5,288
2010	10,403	10,759	1,567	13,277	13,225	3,851	23,680	23,984	5,418
11	11,239	11,034	1,772	14,091	13,856	4,086	25,330	24,890	5,858
12	11,658	11,046	2,384	14,042	13,964	4,164	25,700	25,010	6,548
13	12,281	11,430	3,235	14,184	14,148	4,199	26,465	25,578	7,434
14	12,142	12,181	3,196	14,072	14,159	4,112	26,214	26,340	7,308
15	12,274	12,146	3,324	14,473	14,635	3,950	26,747	26,781	7,274
16	12,295	12,511	3,108	14,563	14,700	3,813	26,858	27,211	6,921

資料：IRSG（国際ゴム研究会）

変化はない。天然ゴムと合成ゴムの消費比率は、国、地域によって異なる。

2016年の中国、日本の天然ゴムと合成ゴム消費比率はそれぞれ53：47、44：56であるのに対し、米国、ドイツはそれぞれ33：67、27：73と合成ゴムの消費比率が高い。ロシアに関しては15：85と全体の8割強を合成ゴム消費が占めている。

こうして天然ゴムは質的には合成ゴムの物性の限界を補完する立場となったため、商品としてのゴムを知るには、合成ゴムの動向を知ることが必須の要件となった。合成ゴムの原料である石油の需給事情、石油コンビナートの規模や供給能力、合成ゴム生産設備と生産量、合成ゴムの価格、品質などがそれである。

■ 2．ゴムの商品特性

ゴムには大きく分けて、天然ゴム（Natural Rubber）と合成ゴム（Synthetic Rubber）の2種類がある。天然ゴムとはトウダイグサ科ヘベア属のパラゴムノキなどに傷をつけて、流れ出る樹液を採取し、それを固めて製造したものである。合成ゴムとは石油を原料に作られるゴムで、代表的な製品としてはSBR（Styrene Butadien Rubber）などがある。ここでは、まず天然ゴムの種類について解説し、その上でさらに合成ゴムについても触れることにする。

（1） 天然ゴム

天然ゴムには、採取した樹液であるラテックス（Latex）とこれを固形化した生ゴム（Crude Rubber）の2種類がある。生ゴムは加工法により、視覚的格付けゴム（Visually Graded Rubber）であるRSS（Ribbed Smoked Sheet）やペール・クレープ（Pale Crepe）などと、技術的格付ゴム（TSR：Technically Specified Rubber）であるSMR（Standard Malaysian Rubber）やSIR（Standard Indonesian Rubber）などに分かれる。

次に、それぞれの段階のゴム、およびゴム製品について簡単に説明する。

図表2　ゴムの種類

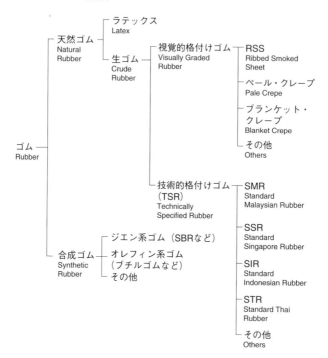

ラテックス（Latex）

　ラテックスとは、ヘベア・ブラジリエンシス種のゴム樹に傷をつけて採取（タッピング）したゴム液をいう。ラテックスはタンパク質などに包まれた、直径0.05〜2ミクロン程度のゴム炭化水素粒子の白い懸濁液である。ラテックス、および生ゴムの成分構成は図表3のとおりとなる。

　ラテックスに酸を加えるとゴム分が凝固、分離して生ゴムが得られる。この生ゴムを原料にして、RSSやTSRなどの様々な天然ゴム製品が生産されることになるが、ラテックス自体すでにゴムである。

　ラテックスの主な用途は、糸ゴム、ゴム手袋、接着剤、医療衛生用品、カーペットなどの原料として利用される。ただ、保存性に劣り、価格も高価であるため、流通量はあまり多くない。

図表3　ラテックスと生ゴムの組成比較表

成分	ラテックス	生ゴム
水	59.7%	0.5〜0.6%
ゴム炭化水素	35.6%	93〜94%
タンパク質	2.0%	2〜3%
アセトン可溶分	1.7%	2〜3%
糖質	0.3%	－
無機質	0.7%	0.3〜0.4%

未薫製シート（USS／Unsmoked Sheet）

　ゴム樹液を凝固させ、シート状にした未薫製状態のものを指す。これを薫製して製品化したものがRSSである。

　USSは、より原料（ゴム樹液）に近いゴムであり、RSSの素原料というべきものである。USS価格は、ゴム農園、集荷業者などの業者間での取引値段で、ゴム原料に最も近い指標価格である。このため、USSの価格動向はゴム樹液の出具合いや、海外消費地からの引き合い状況などの尺度となる。

図表4　天然ゴムができるまで

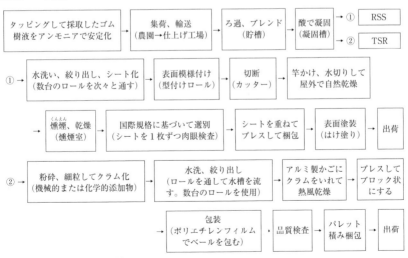

資料：JSA（日本規格協会）

RSS（Ribbed Smoked Sheet）

ラテックスに酸（蟻酸、または酢酸）を加えて凝固した生ゴムを、ローラーにかけて型付けし、シート状にしてから、乾燥・燻煙したものを指す。これを国際規格（注）に基づいて、目で見て格付けしたあと、梱包（1個当り111.11キログラム）して製品となる。通常シートゴムと呼ばれる。天然ゴムの代表的品種で、張力・弾力性に富み、主に自動車タイヤ向けに使用される。また、RSSは国際規格に基づいて、品質の良いものから順に1Ｘ号、1号、2号、3号、4号、及び5号に格付けされる。

RSSのうち、日本の先物市場に上場されているのは、RSS 3号である。また、シンガポール証券取引所（SGX）にはRSS 3号とTSR20が上場されている。シンガポール商品取引所（SICOM）が存在していた時はRSS 1号、RSS 3号と、TSR20が上場されていたが、2008年9月にRSS 1号は上場廃止になっている。2011年5月からRSS 3号、TSR20のゴム先物取引はSGXに移管された。SGXに移管された後もRSS 3号の出来高は減少が続いており、取引はTSR20が中心になっている。日本のタイヤメーカーは主にRSSを使用していたが、世界的な流れとして、米国や欧州の先進国がTSR指向となっていることもあり、年を追うごとに、日本でもRSSからTSRへの切り替えが進んでいる。

（注）：国際規格

通称グリーンブック（正式名：International Standards of Quality and Packing for Natural Rubber Grades）と呼ばれる。天然ゴム（RSS）について世界共通の等級、品質、包装様式を維持するため、米国生ゴム工業会（RAM N. Y.）をはじめとする各国ゴム業界団体が承認した、天然ゴム各種等級品の国際品質包装規格書。各銘柄等級の公式見本が備えられている。

ペール・クレープ（Pale Crepe）

上質の天然ラテックスの凝固体をローラーにかけて板状に型付けし、シートゴムよりていねいに洗浄して、漂白と腐敗防止のため重亜硫酸ソーダを添加した後、燻煙せずに熱風で乾燥させたもの。厚手・薄手の別にそれぞれ5等級に分かれる。主な用途は医薬用、糸ゴム、輪ゴムなどである。

ブラウン・クレープ（Brown Crepe）、ブランケット・クレープ（Blanket Crepe）

ゴム樹液を集めるカップに残って自然に凝固したカップ・ランプ、未薫製シート、ゴム塊や、タッピング溝に固まったツリー・スクラップ（Tree Scrap）、地面に流れて固まったアース・スクラップ（Earth Scrap）その他のゴム屑を粉砕洗浄してゴミを除き、自然乾燥して板状に固めたものを指す。厚手・薄手の別、農園産・再生工場産の別にそれぞれ数等級に分かれる。

カップランプ（Cup Lump）

ゴム樹にカップを取り付け、ラテックスを採取したのち、カップに流れたラテックスが自然凝固したゴムの塊を指す。TSRの原料となる。

TSR（Technically Specified Rubber）

技術的に格付けされた新しいタイプのゴムで、クラム・ラバー、ブロック・ラバーとも呼ばれる。ラテックス、上質のゴム塊、未薫製シート、屑ゴム等を原料として、固形ゴムを機械で粉砕し水洗いした後、熱風で短時間で乾燥させて、ブロック状に固めたものをいう。ゴミ、灰分、窒素、揮発性物質などの含有量を定量的に測定し、技術的に格付けされるため、品質のバラツキは少ない。主として原料により等級を区分しているが、農園産の上質ラテックスを加工したものが最上級である。在来の銘柄と異なり、包装は完全で、形状は合成ゴムに似ている。

RSSと同様に主として自動車タイヤに使用され、欧米のタイヤメーカー向けの需要が中心である。日本向けは、1個当たり33.3キログラム（欧米向けは35キログラム）でパッキング（梱包）される。

TSRはマレーシアで開発され、1965年から生産が開始された。マレーシア産はSMR（Standard Malaysian Rubber）、シンガポール産はSSR（Standard Singapore Rubber）、インドネシア産はSIR（Standard Indonesian Rubber）、タイ産はSTR（Standard Thai Rubber）と呼ばれ、これらを総称してTSRと呼ぶ。

シンガポール証券取引所（SGX）には、TSR20（FOB）^{（注）}というグレード（品種）が上場されている。

　　本船渡しのことで、貿易上の取引条件のひとつである。約束の貨物を買い手側の手配した船舶に積み込み、本船上で貨物の引渡しを果たすまでに生じる一切の費用と危険を売り手側が負担する。引渡しが完了した後は、買い手側の責任となる。

（2）　合成ゴム

　石油化学によって製造されるゴムを指す。原料のモノマーに触媒を加えて重合体をつくり、これを精製したもので、化学的にはプラスチックや樹脂の一種である。石油コンビナートの一次製品であるエチレン・プロピレンからの誘導品として、多くの種類の合成ゴムが量産されているが、最も代表的なものは汎用銘柄のSBR（Styrene Butadien Rubber）で、生産量も最も多い。

　このほか、耐酸性、耐油性、耐熱性等の特性を持つ特殊銘柄や、天然ゴムと同一の重合体であるポリブタジエン・ゴム、ポリイソプレン・ゴムなどが生産されている。

■ 3．ゴムの需給と在庫

（1）　供　　給

①　天然ゴムの生産

　世界の天然ゴム生産量は、1975年以降、年平均約3.3％のペースで増加傾向にあり、2005年には890万トン台に達した。その後も増加傾向が続き、2008年には1,000万トン台に乗せた。2009年は960万トン台に減少したが、2010年以降は再び増加傾向となった。2014年は1,214万トンと前年割れとなったが、2015年は前年比1.1％増の1,227万トン、2016年は0.2％増の1,230万トンとなるなど世界経済、中国景気の動向に左右される状況となっている。

　天然ゴムの生産地域は、東南アジア、アフリカ、中南米など、赤道を挟んで南・北緯15度圏を中心とする高温多湿な地域である。中でも、東南アジア

のタイ、インドネシア、マレーシアが3大生産国であり、2005年には633.4万トンを生産し、世界の総生産量の約71％を占めていた。その後もタイ、インドネシアは増産傾向を維持したが、マレーシアは減少傾向となったため、2016年現在、3カ国の合計生産量は824万トンで世界の総生産量に対する比率は67％に低下している。一方、ベトナム、中国、インドは増産体制をとっている。

IRSG（国際ゴム研究会）の統計によれば2016年のベトナムの天然ゴム生産量は103.2万トンに達し、同年のマレーシアの67万トンを抜いている。この結果、ベトナムはタイ、インドネシアに次ぐ世界第3位の天然ゴムの生産国となっている。

南・北緯15度圏外の生産地としては、中国の海南島や雲南省が挙げられる。中国の生産量は2016年実績で77.4万トンであり、1994年実績の37.4万トンからほぼ2倍にまで増加した。

2000年以降、インドの天然ゴムの生産量も増えている。インドの天然ゴムの生産量は2000年が62.9万トンだったが、2012年には91.9万トンと2000年に

図表5　主要な天然ゴムの生産地域

資料：東京商品取引所

図表6　天然ゴム国別生産高

単位：千トン

年	タイ	インドネシア	マレーシア	インド	中国	スリランカ	フィリピン	ベトナム	ナイジェリア	その他	世界合計
1980	501.1	1020.0	1530.0	155.4	113.0	133.2	75.0	45.0	54.0	223.3	3850.0
81	504.0	867.5	1510.2	150.7	127.7	123.9	101.0	45.0	51.0	421.0	3705.0
82	552.2	880.0	1494.2	165.9	152.6	126.2	123.0	46.0	47.0	378.9	3750.0
83	587.2	997.2	1563.7	168.0	172.4	141.0	135.0	45.0	50.0	400.5	4030.0
84	628.6	1115.6	1530.6	183.9	188.8	141.9	150.0	45.0	51.0	460.6	4250.0
85	723.8	1130.1	1469.5	198.3	187.9	137.5	146.0	48.0	52.0	552.9	4400.0
86	780.2	1049.2	1538.6	219.0	209.7	137.8	147.0	47.0	36.8	555.5	4490.0
87	925.6	1203.3	1578.7	117.4	237.6	121.8	52.0	52.0	55.3	655.6	4840.0
88	978.9	1235.0	1661.6	254.8	239.8	122.4	57.0	54.0	80.5	637.5	5130.0
89	1178.9	1256.0	1415.6	288.6	242.8	110.7	61.0	55.0	118.4	747.4	5240.0
1990	1271.2	1262.0	1291.0	323.5	264.2	113.1	60.0	60.0	152.0	735.0	5260.0
91	1340.8	1284.0	1255.7	360.2	296.4	103.9	57.0	85.0	79.7	719.0	5360.0
92	1531.0	1378.0	1173.2	383.0	309.0	106.1	58.0	103.0	110.0	719.7	5600.0
93	1553.4	1300.5	1074.3	428.1	326.1	104.2	59.0	87.0	105.0	523.4	5310.0
94	1717.8	1358.5	1100.6	464.0	374.0	105.3	60.0	114.0	68.6	589.8	5710.0
95	1804.8	1454.5	1089.3	499.6	424.0	105.7	62.0	90.0	116.2	692.1	6070.0
96	1970.4	1527.0	1082.5	540.1	430.0	112.5	66.0	156.0	63.8	777.5	6440.0
97	2032.7	1504.8	971.1	580.3	444.0	105.8	68.0	212.0	65.0	831.3	6470.0
98	2075.9	1714.0	885.7	591.1	450.0	95.7	68.0	218.0	65.0	1007.6	6820.0
99	2154.6	1599.2	768.9	620.1	460.0	96.6	65.0	230.0	58.0	1120.6	6820.0
2000	2346.4	1501.1	927.6	629.0	445.0	87.6	67.0	291.0	55.0	829.3	6766.0
01	2319.6	1607.3	882.1	631.5	464.0	86.2	71.0	313.0	45.0	1337.3	7328.0
02	2615.1	1630.0	889.8	640.8	468.0	90.5	76.0	331.0	42.0	997.8	7332.0
03	2873.1	1792.2	985.6	707.1	480.0	92.0	84.0	363.0	38.0	1103.0	8033.0
04	2984.3	2066.0	1168.7	742.6	573.0	94.7	80.0	403.0	45.0	1114.5	8744.0
05	2937.2	2271.0	1126.0	771.5	510.0	104.4	78.9	481.6	40.0	1186.9	8907.0
06	3137.0	2637.0	1283.6	853.3	533.0	109.2	87.9	555.4	41.0	718.5	9827.0
07	3056.0	2755.2	1199.6	811.1	590.0	117.5	101.0	605.8	42.0	754.8	9890.0
08	3089.8	2751.0	1072.4	881.3	560.0	129.2	102.8	660.0	49.0	825.5	10128.0
09	3164.4	2440.0	857.0	820.3	644.0	137.0	97.7	711.3	45.0	820.0	9690.0
2010	3252.1	2736.0	939.0	850.8	687.0	153.0	98.9	751.7	54.2	880.3	10403.0
11	3569.0	2990.0	996.2	892.7	727.0	158.1	106.4	789.3	55.3	955.0	11239.0
12	3778.0	3012.0	922.8	919.0	802.0	152.0	111.1	877.1	57.0	1027.0	11658.0
13	4170.0	3237.0	826.5	796.0	865.0	130.5	111.2	949.1	57.0	1138.7	12281.0
14	4324.0	3153.2	668.5	704.5	840.1	103.8	113.6	953.7	52.1	1228.5	12142.0
15	4473.3	3145.2	721.5	575.0	794.0	88.6	99.7	1017.0	50.8	1308.9	12274.0
16	4409.0	3157.8	673.8	620.0	774.0	79.5	99.3	1032.1	52.0	1397.5	12295.0

注：資料の関係上、合計が合わないことがある。
資料：IRSG（国際ゴム研究会）

図表 7　天然ゴム 4 大生産国の国別推移

単位：千トン

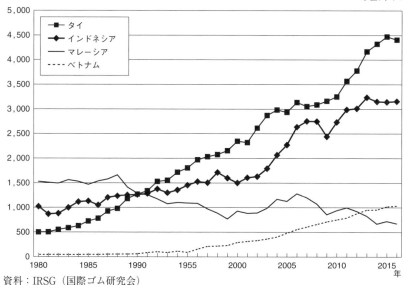

資料：IRSG（国際ゴム研究会）

比べると46％増となっていた。その後、2013年は79.6万トン、2014年は70.5万トン、2015年は57.5万トンと 3 年連続して減少していたが、2016年では62.0万トンと再び増加に転じている。

　ゴム樹は、植付け後 5 ～ 7 年目くらいから採液を始め、25年から30年で伐採して植替えを行う。最近では土壌の研究、品質の改良が進んで、単位面積当たりの採液量は大幅に増えた。また、中小農園の生産技術も著しく向上し、大農園産ゴムとの品質格差はなくなった。

　主要国の生産状況をみると、世界最大の天然ゴム生産国であるタイは、1975年以降ほぼ一貫して生産量が増加しており、2015年には447.3万トンと過去最高を記録し、2016年は440.9万トンと世界最大の生産量を誇っている。インドネシアは1999～2000年にかけては、政情不安から減少傾向にあったものの、長期的には増産傾向にあり、特に2003年以降は生産が顕著に増え、2015年は314.5万トン、2016年は315.8万トンと生産を順調に増やしている。

　タイ、インドネシアに次いで第 3 位の生産国に浮上したベトナムは、2015

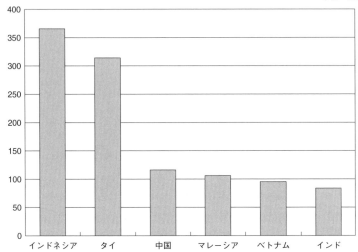

図表8　主要生産国のゴム樹栽培面積（2016年）

単位：万ha

資料：IRSG（国際ゴム研究会）

年の生産量が初の100万トン超えとなる101.7万トンに達し、この10年でほぼ2倍に増えている。2016年には103.2万トンの生産量となっている。第4位に後退したマレーシアは1990年までは世界最大の生産国であったが、1989年以降は生産量が減少に転じ、2003年以降は生産量が100万トン前後で推移していたが、近年、経済発展による工業化の影響を受け、2016年の生産量は67.4万トンとなっている。

　以上、これらの地域は経済発展が著しく、マレーシア、タイ、インドネシアの順で工業化が進み、農村部から都市部への人口の流出が起こっている。今後も産業構造の変化により、農業人口の低下が続くとみられるものの、IRSGの長期予測ではまだ当面も増産傾向が続く見通しになっている。

②　現在のゴム農園

　現在、東南アジアのゴム農園はエステート（Estate）とスモール・ホールディング（Small Holding）の二つに大別される。

　エステートは、面積が100エーカー（40ヘクタール）以上の大農園を指す。多収量の優良ゴム樹の植え替えを定期的に行うなど、計画生産を実施し、土壌の改良、その他の管理も行き届いている。マレーシアには欧州系エ

ステート、インドネシアには政府直営のエステートが多い。

一方、スモール・ホールディングは100エーカー未満の小規模農園を指す。家族単位の零細農家で、タイに多く見られる。

（2）　需要（用途）

天然ゴムと合成ゴムを合わせた世界のゴム需要は、1975年以降、年平均2.4％のペースで増加し、2005年には2,107万トンに達した。この間、1980〜82年は石油ショックによるハイパー・インフレーション、1990〜91年は米国をはじめとする世界的な景気後退、1993年は日欧における景気回復の遅れ、そして2001年は世界的な景気後退や米国同時多発テロなどの影響により、ゴム需要は前年を下回った。2003年以降は中国の自動車市場の成長に伴いゴム需要は大幅に増加し、2007年の世界のゴム需要は2,343万トンを記録した。2009年はリーマンショックの影響を受け、2,142万トンまで落ち込んだが、2010年から回復し、2016年には過去最高となる2,721万トンを記録している。

世界の天然ゴムの需要は2000年に738.1万トンだったが、2007年には初の1,000万トン台に乗せた。2008年以降も2009年を除き1,000万トン台を維持し、2016年は過去最高の1,251万トンを記録している。

天然ゴム需要のうち最大の需要先は、自動車タイヤと自動車チューブであり、2014年は総需要のうち55.4％（2,861万トン）を占めている。また、日本では合成ゴムを含めた新ゴム（注）全体でも自動車タイヤ・チューブ向けは、天然・合成ゴム合計の消費の8割以上を占める。このため、自動車タイヤ、および自動車の生産・販売は重要な指標となる。特に日米両国、そして自動車市場が急速に拡大している中国、インド、ブラジル、ロシアなどの新興消費国の自動車生産動向がゴムの需要のカギを握る。

特に中国の自動車市場は2000年以降、爆発的な伸びを示し、米国を抜いて世界最大の自動車大国となった。2011年以降、中国の自動車市場の伸びは鈍化傾向にあり、特に2014年はシャドーバンキングの問題が浮上して中国経済に悪影響を及ぼした関係で、中国の自動車市場の伸びも鈍化した。更に2015年から2016年2月までは新車販売台数の前年実績割れが続いたことや、中国製造業購買担当者景気指数（PMI）が分岐点の50割れが続くなど景気減速

図表9　世界天然ゴム消費量

単位：千トン

年	アメリカ	日本	中国	インド	韓国	ドイツ	フランス	英国	マレーシア	タイ	インドネシア	その他	世界合計
1980	585.0	427.0	340.0	171.0	118.0	180.0	188.0	–	45.0	28.0	46.0	1652.0	3780.0
81	635.0	436.0	275.0	182.0	212.0	169.0	169.0	–	47.0	29.0	59.0	1598.0	3720.0
82	585.0	439.0	305.0	197.0	118.0	171.0	158.0	–	59.0	29.0	66.0	1543.0	3670.0
83	665.0	504.0	365.0	205.0	127.0	180.0	163.0	–	65.0	32.0	68.0	1646.0	4020.0
84	751.0	525.0	402.0	212.0	150.0	190.0	162.0	–	66.0	32.0	74.0	1726.0	4290.0
85	764.0	540.0	415.0	233.0	155.0	202.0	156.0	–	69.0	33.0	80.0	1773.0	4420.0
86	743.0	535.0	450.0	251.7	180.0	198.0	158.0	–	70.8	39.6	93.0	1739.5	4460.0
87	789.0	568.0	555.0	277.6	200.0	199.0	170.0	–	82.4	47.1	98.0	1804.4	4790.0
88	858.3	623.0	660.0	311.1	235.0	203.0	181.0	–	103.4	57.3	103.0	1764.3	5100.0
89	866.9	657.0	650.0	333.2	232.0	221.0	184.0	–	121.6	77.6	105.0	1741.6	5190.0
1990	807.5	677.0	600.0	358.3	254.5	208.0	179.0	–	183.5	99.1	108.0	1734.4	5210.0
91	755.8	689.5	610.0	374.8	263.5	210.0	183.0	–	216.0	103.7	110.0	1543.0	5060.0
92	910.2	685.4	640.0	404.6	275.6	212.0	179.0	–	248.6	118.4	116.0	1529.4	5320.0
93	966.7	631.0	650.0	443.9	271.0	174.0	168.0	–	268.6	130.2	117.0	1618.2	5440.0
94	1001.7	639.8	720.0	472.9	290.0	186.0	180.0	–	292.2	132.2	116.0	1619.0	5680.0
95	1003.9	692.0	780.0	516.5	300.0	211.0	176.0	–	327.4	153.2	133.0	1706.5	5950.0
96	1001.7	714.5	810.0	558.2	300.0	193.0	182.0	–	357.4	173.7	142.0	1677.3	6110.0
97	1044.1	713.0	910.0	571.7	302.0	214.0	192.0	–	326.9	182.0	141.0	1863.0	6460.0
98	1157.4	707.3	839.0	580.3	283.4	247.0	223.0	–	334.1	186.4	97.0	1915.1	6560.0
99	1116.3	734.2	852.0	619.1	332.8	226.0	240.0	–	344.4	226.9	116.0	1831.8	6630.0
2000	1194.8	751.8	1080.0	637.7	332.4	250.0	270.0	–	363.7	242.5	139.0	2051.0	7381.0
01	974.1	729.2	1215.0	630.6	331.8	246.0	282.0	–	400.9	253.1	142.0	2014.3	7333.0
02	1110.8	749.0	1395.0	680.0	325.6	247.0	230.0	–	407.9	278.4	145.0	2057.6	7552.0
03	1078.5	784.2	1525.0	717.1	332.8	260.0	300.0	–	420.8	298.6	156.0	2129.6	7944.0
04	1144.0	814.8	2000.0	745.3	351.7	242.0	230.0	–	402.8	318.6	196.0	2268.8	8716.0
05	1159.2	857.4	2275.0	789.2	369.8	258.9	230.0	82.3	386.5	334.6	220.9	2344.3	9205.0
06	1003.1	873.7	2769.2	815.1	363.6	268.9	219.6	67.7	383.3	320.8	351.7	2253.3	9690.0
07	1018.4	887.4	2842.7	850.7	377.3	281.7	220.1	90.8	450.2	373.7	382.7	2493.1	10178.0
08	1041.0	877.9	2946.8	880.8	358.2	246.9	199.6	76.8	469.0	397.6	412.3	2344.9	10175.0
09	687.1	635.6	3383.6	904.7	330.1	174.6	108.9	43.5	469.8	399.4	352.0	1884.2	9330.0
2010	925.5	749.4	3621.6	944.3	384.0	291.3	136.1	57.4	457.8	487.0	421.3	2283.3	10759.0
11	1029.3	772.2	3637.9	957.4	401.5	276.1	163.2	66.9	402.2	487.0	460.2	2380.1	11034.0
12	949.5	728.0	3890.0	987.7	396.3	237.7	139.9	44.9	441.4	505.0	464.5	2261.1	11046.0
13	913.0	710.0	4270.0	961.6	396.0	246.5	123.1	29.6	434.1	521.0	508.9	2316.2	11430.0
14	932.1	709.0	4804.0	1014.8	402.1	227.4	123.4	33.6	447.3	541.0	539.6	2406.7	12181.0
15	936.5	691.0	4680.0	987.0	387.7	219.3	130.4	32.2	474.7	600.6	509.4	2497.2	12146.0
16	932.0	677.0	4798.2	1034.3	381.3	227.5	127.6	33.5	493.5	649.9	590.6	2565.7	12511.0

注：資料の関係上、合計が合わないことがある。
資料：IRSG（国際ゴム研究会）

　が鮮明となり、2015年の中国の天然ゴム消費伸び率は－2.5％となった。

　また、アジアを中心に経済発展の著しい国々でも、自動車保有台数や工業製品用需要の増加によって消費の伸びが目覚ましく、長期的には、今後の天然ゴムの需給動向に大きな影響を与えるとみられるが、中国の景気の足踏みがマイナス効果となり、今後の天然ゴムの需給動向に大きな影響を与えるとみられている。

　自動車タイヤと自動車チューブ以外の需要先としては、ベルトコンベアー、ゴムベルト、ゴムホース、防振ゴム、ゴムロール、ゴムライニングなどの工業製品、はきもの類、ゴム引布、運動競技用品などが挙げられる。新しい製品として、大型船が接岸する埠頭に接着する防舷材などがあるが、さ

図表10　中国・米国・日本の天然ゴム消費　　　　　　　　　　　単位：千トン

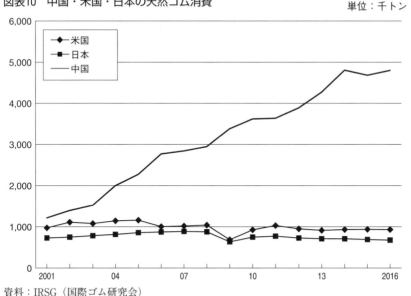

資料：IRSG（国際ゴム研究会）

らに需要を掘り起こすため、新しい用途の開発が待たれている。

（注）：新ゴム
　　　ゴムの需給統計上、生産量および消費量に関して、天然ゴムと合成ゴムを合
　　　計したものを指す。新ゴム消費に占める合成ゴムの使用比率は、合成ゴム消
　　　費比率と呼ばれる。

①　中国の需要

　中国は2000年以降の経済発展が目覚ましく、生活水準の高度化に伴う自動
車保有や工業用ゴム製品需要の増加によって、ゴムの消費量は大幅に増加し
ている。中国の自動車市場は2000年代に入り、急速に拡大し、2004年に年間
自動車生産台数は500万台に乗せ、その後も拡大は続き、2008年には930万台
を記録し、米国の869万台を抜き、世界一の自動車生産国となっている。
2017年は2,902万台と過去最高の生産台数となり、2位の米国を大きく引き
離している。中国の自動車生産台数は前年比2ケタの伸びを記録し、自動車
タイヤやチューブ向けを中心に天然ゴムの需要は大幅に伸び、ゴム市場への
影響力は大きい。

中国の天然ゴムの消費量は、1990年代初めまで日本と世界第2位の座を争ってきていたが、1993年に65万トンを記録し、日本の63.1万トンを上回り、日本に代わって、世界第2位の天然ゴム消費大国となった。1994年以降も着実に増やし、2000年には108万トンまで増え、初の100万トンを突破した。2001年には米国の97.4万トンを大幅に上回る121.5万トンを記録し、ついに世界第1位の天然ゴム消費国となった。

　2002年以降は、米国が横ばいであるのに対し、中国の天然ゴム消費量は先述したように自動車市場の拡大とともに爆発的な伸びを示し、2009年には338.4万トンとなると、その後も、2012年まで4年連続で300万トン台を記録している。2012～2014年も年率換算で8％前後の高い伸び率で推移していたが、2015年は景気減速を受けて減少した。2016年は中小型車への優遇税制の影響から自動車の生産が持ち直し、2016年の中国の天然ゴム消費量は479.8万トンとなり、世界の総消費に対する占有率は38％に達している。

　また、中国は世界最大の消費国である一方、年間約80万トンの天然ゴムを生産する生産国の側面も持つ。タイやインドネシアには及ばないが、生産量は年々着実に増加している。2014年は84万トンで過去最高を記録したが、2015年は80万トンを下回っている。今後、中国の需要の変化や消費動向がゴムの国際価格に与える影響が一段と増大するとみられている。

②　インドの需要

　インドの2016年の天然ゴム需要は、103.4万トンで前年の98.7万トンから増加している。1990年代前半の40万トン台からは大きく増大しており、2012年には米国を抜いて世界第2位の天然ゴム需要国となっている。インドにおける天然ゴムの需要増加の要因は、他国と同様に自動車市場の拡大に依拠している。2012年から2017年までのインドの自動車生産台数は417万台から478万台に達しており、今後も成長は継続するとみられている。

③　米国の需要

　米国の天然ゴム消費量は2000年までは世界最大であった。2001年以降は中国の自動車市場が急速な発展を遂げたため、世界第1位の座を中国に譲り、更に2012年以降はインドにも抜かれて現在、世界第3位の天然ゴムの消費国である。

図表11　主要国の自動車生産台数

単位：万台

	米国	イギリス	ドイツ	フランス	イタリア	ブラジル	インド	韓国	中国	日本
1997	1,213	194	502	295	182	207	60	281	158	1,098
1998	1,200	198	572	258	169	157	51	195	163	1,005
1999	1,302	197	568	318	170	135	82	284	183	990
2000	1,280	181	553	335	174	168	80	311	207	1,014
2001	1,142	169	569	363	158	182	81	295	233	978
2002	1,228	182	547	360	142	179	89	315	329	1,026
2003	1,211	185	551	362	132	183	116	318	444	1,029
2004	1,199	186	557	367	114	232	151	347	523	1,051
2005	1,195	180	576	355	104	253	164	370	572	1,078
2006	1,126	165	582	317	121	261	202	384	719	1,148
2007	1,078	175	621	302	128	298	225	409	888	1,160
2008	869	165	605	257	102	322	233	383	930	1,157
2009	570	109	521	205	84	318	264	351	1,379	793
2010	774	139	591	223	84	338	355	427	1,826	962
2011	866	146	617	224	79	341	393	466	1,842	834
2012	1,034	158	565	197	67	340	417	456	1,927	994
2013	1,107	160	572	174	66	371	390	452	2,212	963
2014	1,166	160	591	182	70	315	384	452	2,373	977
2015	1,210	168	603	197	101	243	413	456	2,450	928
2016	1,220	182	606	208	110	216	449	429	2,811	920
2017	1,119	175	565	223	114	270	478	411	2,902	969

資料：OICA

　米国の自動車生産台数と天然ゴム消費量は2003年から2008年にかけては堅調であったが、2008年9月に米大手証券のリーマン・ブラザーズが破綻したことで2009年から2010年にかけ自動車生産台数、天然ゴム消費量ともに大幅に落ち込んだ。特に2009年にはゼネラルモーターズ（GM）の破綻もあり、自動車生産台数は570万台まで落ち込んでいる。そして、この年の天然ゴム消費量は前年の104.1万トンから68.7万トンに急減し、1983年以来、26年ぶりの低水準になった。2010年以降は米国の金融緩和政策が功を奏し、個人消費が好調を取り戻したこともあり、自動車生産は増加している。天然ゴムの需要も自動車生産台数の増加に合わせて回復傾向となっている。2016年の米国の自動車生産台数は1,119万台で、2016年の天然ゴム消費量は93.2万トンとなっている。

④　日本の需要

　日本は2016年現在、中国、米国、インドに次いで、世界第4位の天然ゴム

消費国であるが、2011年以降は漸減傾向にあり2014年は71万トンを下回り、2016年も67.7万トンとなっている。天然ゴムの消費量と最も関わりの深い自動車生産台数については、中国（2017年実績2,902万台）、米国（同1,119万台）に次いで日本は世界第3位（同969万台）となっている。

ただ、実際のタイヤ向けゴム需要は、自動車の生産・販売台数からは、間接的にしか把握できない。このため、日本自動車タイヤ協会（JATMA）が発表している自動車タイヤおよびタイヤ・チューブ生産実績や新車用・補修用・輸出用タイヤの販売実績が参考になる。

国内の自動車生産台数は2007年をピークに減少傾向にあるため、新車用タイヤの販売も落ち込んでいる。2009年の自動車用タイヤおよびタイヤ・チューブゴム生産量（図表12参照）は2008年の134.8万トンから98.6万トンまで急減している。2010年から回復傾向になっていたが、2013年以降は再び減少傾向となっている。その結果、国内の天然ゴム消費量（図表9参照）は2004年から2008年まで5年連続で80万トン台を記録していたが、2009年に63.6万トンまで急減、2010年から2014年にかけては70万トン維持したものの、2015年以降は再び70万トンを下回っている。

自動車用タイヤの販売実績の推移をみると、新車用の落ち込みを市販用と輸出用の販売増加が補う傾向が続いている。タイヤ販売は国内向けだけでなく、米国や需要拡大が見込める新興国など海外への輸出にも注目する必要がある。

財務省関税局「通関統計」によると2016年の自動車タイヤの輸出実績は、本数ベースで4,887万8,474本（前年比4.2％減）である。このうち北米への輸出実績は1,312万2,386本で26.8％の占有率となっている。次に多い地域は中近東の904万146本で18.5％の占有率となっている。

ゴムの需要動向を把握する上では、財務省から発表される天然ゴムの輸入統計（貿易統計）も重要な指標である。貿易統計は、タイヤの生産動向と連動して変動するが、ゴムの価格との関係は一定ではない。なぜなら、「輸入増加は需給緩和の先行指標」との解釈から、ゴム相場が軟化する場合がある反面、「輸入増加は需要好調の裏付け」との解釈から、価格下落につながらない場合もあるからである。

図表12　国内自動車タイヤ・チューブ生産・出荷実績

単位：千本、トン

年	生産		国内出荷		輸出出荷	
	タイヤ本数	ゴム量	タイヤ本数	ゴム量	タイヤ本数	ゴム量
2003	180,101	1,239,608	113,481	609,158	66,458	632,517
2004	183,389	1,285,166	113,788	627,612	70,432	664,738
2005	186,515	1,331,404	110,668	621,148	74,765	707,354
2006	185,632	1,351,773	112,721	643,274	72,913	707,632
2007	185,829	1,358,332	111,404	645,341	75,088	720,561
2008	182,663	1,348,382	107,724	616,768	74,944	732,993
2009	141,138	986,104	83,840	441,655	59,476	567,552
2010	169,707	1,195,711	99,907	530,846	70,716	673,808
2011	166,442	1,211,963	99,835	535,718	67,874	684,997
2012	159,199	1,146,905	106,539	551,472	54,157	605,286
2013	159,631	1,127,950	108,320	564,017	51,819	571,581
2014	160,425	1,121,062	108,654	571,093	53,100	563,000
2015	151,815	1,057,570	103,179	542,844	49,757	525,625
2016	146,375	1,019,801	100,123	526,245	47,283	501,425

注：トラック・バス、乗用車、産業用、バイク、フラップ・リムバンドの合計
資料：JATMA

図表13　国内自動車タイヤ販売・輸出入実績

単位：千本

年	新車用	市販用	輸出	輸入
2003	52,202	70,886	67,838	19,485
2004	53,894	72,634	71,569	23,794
2005	55,816	74,519	76,539	29,108
2006	59,173	75,242	75,342	32,171
2007	60,119	72,286	77,602	30,811
2008	58,862	68,221	77,371	30,122
2009	40,322	61,751	61,022	24,945
2010	48,961	67,028	73,447	25,114
2011	42,389	71,686	69,640	25,314
2012	48,526	71,092	56,691	26,578
2013	46,928	73,825	53,613	25,885
2014	47,013	76,264	54,633	27,544
2015	45,016	72,766	51,004	27,598
2016	44,434	72,175	48,878	27,605

資料：JATMA

図表14　国内自動車生産台数と新車用タイヤ販売本数

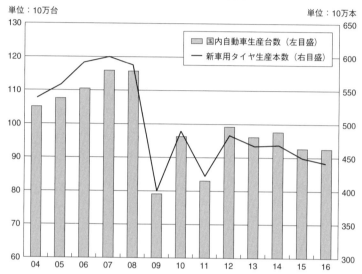

単位：10万台　　　　　　　　　　　　　　　　　　　　単位：10万本

資料：日本自動車工業会、日本自動車タイヤ協会の資料から作成

図表15　国内自動車保有台数と市販用タイヤ販売本数

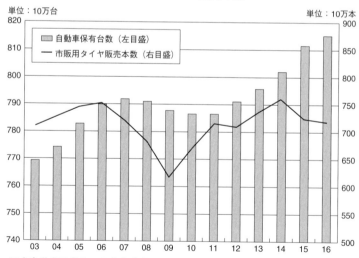

単位：10万台　　　　　　　　　　　　　　　　　　　　単位：10万本

資料：日本自動車工業会、日本自動車タイヤ協会の資料から作成

図表16　日本の品種別輸入量

	RSS	前年比	TSR	前年比	その他	前年比	合計	前年比
1995 構成比	466,316 67.9%	108.0%	83,670 12.2%	102.1%	136,463 19.9%	115.2%	686,449	108.6%
1996 構成比	437,022 61.2%	93.7%	90,647 12.7%	108.3%	186,123 26.1%	136.4%	713,792	104.0%
1997 構成比	404,040 56.2%	92.5%	135,934 18.9%	150.0%	179,290 24.9%	96.3%	719,264	100.8%
1998 構成比	389,124 58.1%	96.3%	183,670 27.4%	135.1%	96,506 14.4%	53.8%	669,300	93.1%
1999 構成比	420,782 56.4%	108.1%	218,161 29.2%	118.8%	107,693 14.4%	111.6%	746,636	111.6%
2000 構成比	420,573 52.9%	100.0%	248,510 31.3%	113.9%	125,645 15.8%	116.7%	794,728	106.4%
2001 構成比	314,805 44.6%	74.9%	289,091 41.0%	116.3%	101,723 14.4%	81.0%	705,619	88.8%
2002 構成比	343,537 44.6%	109.1%	351,184 45.6%	121.5%	75,752 9.8%	74.5%	770,473	109.2%
2003 構成比	334,998 42.2%	97.5%	409,965 51.6%	116.7%	48,926 6.2%	64.6%	793,889	103.0%
2004 構成比	294,138 37.0%	87.8%	466,498 58.6%	113.8%	34,906 4.4%	71.3%	795,542	100.2%
2005 構成比	292,534 34.7%	99.5%	497,828 59.1%	106.7%	52,404 6.2%	150.1%	842,766	105.9%
2006 構成比	284,784 32.4%	97.4%	488,590 55.5%	98.1%	106,613 12.1%	203.4%	879,987	104.4%
2007 構成比	250,092 29.7%	87.8%	471,670 56.0%	96.5%	120,484 14.3%	113.0%	842,246	95.7%
2008 構成比	234,785 28.0%	93.9%	526,777 62.8%	111.7%	77,608 9.2%	64.4%	839,170	99.6%
2009 構成比	145,292 24.9%	61.9%	426,422 72.9%	80.9%	12,863 2.2%	16.6%	584,577	69.7%
2010 構成比	172,978 23.6%	119.1%	542,125 74.1%	127.1%	16,395 2.2%	127.5%	731,498	125.1%
2011 構成比	185,988 24.1%	107.5%	570,846 74.1%	105.3%	13,975 1.8%	85.2%	770,809	105.4%
2012 構成比	144,436 21.1%	77.7%	530,570 77.3%	92.9%	10,960 1.6%	78.4%	685,966	89.0%
2013 構成比	155,115 21.5%	107.4%	541,135 75.0%	102.0%	25,496 3.5%	232.6%	721,746	105.2%
2014 構成比	143,240 20.8%	92.3%	521,781 75.7%	96.4%	24,426 3.5%	95.8%	689,447	95.5%
2015 構成比	139,970 20.5%	97.7%	522,813 76.6%	100.2%	19,388 2.8%	79.4%	682,172	98.9%
2016 構成比	127,837 19.4%	93.9%	512,057 77.6%	97.9%	19,833 3.0%	102.3%	659,727	96.7%

注：輸入通関実績では、実物がTSRでも技術的格付け証明書が未着の場合は「その他」
　　として扱われる。
　　「その他」のなかにクレープの数量は数千トンとみられ、「その他」のほとんどが実質
　　的にTSRであるとみられている。
資料：日本ゴム輸入協会、財務省「輸入通関実績」

⑤　その他のアジア諸国の需要

　その他のアジア各国も中国同様、経済発展が目覚ましく、天然ゴム消費量は大幅な伸びを見せている。1996～2005年までの10年間でインド、韓国、マレーシア、タイ、インドネシア5カ国の合計は、153.1万トンから、210.1万トンにまで増加している。2006年以降も韓国を除く4カ国の伸びが著しく、2016年の5カ国の天然ゴム消費量は315万トンまで増加している。

　東南アジア諸国は今後も経済成長が続き、インド以外でもインドネシア、ベトナム、タイにおいて今後、天然ゴムの需要増加が予想されている。

⑥　欧州の需要

　欧州の天然ゴムの消費量はドイツ、フランス、英国の3カ国の消費が中心で、これにイタリア、スペインが続く。2016年の欧州全体の天然ゴム消費量は118.4万トンで、世界最大の天然ゴム消費国である中国の約4分の1程度である（IRSG）。

　欧州では2010年から12年にかけて起こったギリシャ危機に伴う金融不安から自動車関連事業への影響が懸念されたものの、ドイツ経済の好調さなどから影響は軽微であり、ドイツでは新車販売台数も伸びている。欧州自動車工業会によれば、2016年の欧州全体の自動車生産は1,880万台と前年の1,825万台から6.8％の増加となっている。

（3）　在　　庫

　他の商品と同様に、ゴム在庫の変動はゴム価格に及ぼす影響が大きい。日本国内では日本ゴム輸入協会から、全国生ゴム営業倉庫在庫が月3回発表されている。この統計は速報性が高いことから、市場の注目を集めている。ただ、最近では輸入されるゴムの流通の合理化が進展しており、同統計の指標性に変化が生じている。その原因は、ゴムは港に到着すると、通常コンテナ・ヤード（コンテナ置き場）に1～2週間保管された後、営業倉庫あるいはメーカーの倉庫へ運ばれるが、最近では、営業倉庫を通さずにメーカーの倉庫へ直接運ばれるケースが増加しているからである。このため、同統計が重要な指標であることに変わりはないが、従来に比べると市場に与える影響は小さくなっている。また、東京商品取引所も10日に一度、指定倉庫在庫を

発表しているが、指標性としては低い。

　なお、国際ゴム研究会（IRSG）から発表される天然ゴム消費地在庫は、世界の在庫動向を把握するうえで重要な指標となっている。

　また近年、日本の在庫統計以上に注目されているのが中国のゴム在庫である。上海商品取引所から毎週末に発表している生ゴム在庫は、日本の在庫規模より30倍以上も多い水準であり、在庫量の変動幅も大きいため、年々、注目度が大きくなっている。

（4）　合成ゴムの生産、消費、在庫

　合成ゴムと天然ゴムを合わせた世界のゴム生産量は、2007年から2016年の間で2,324万トンから2,686万トンへと362万トン増加し、同期間における年平均増加率は1.6％となっている。このうち2007年から2016年の合成ゴムの生産量は、1,335万トンから1,456万トンへ121万トン増加し、同増加率は1.0％となっている。同期間の天然ゴムの生産量は、989万トンから1,230万トンへと241万トン増加し、同増加率は2.5％と合成ゴムの同増加率を上回っている。

図表17　生ゴム営業倉庫在庫（2014年1月〜2017年12月）　　　　単位：万トン

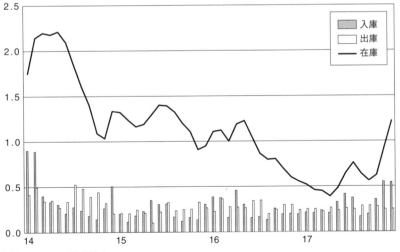

資料：日本ゴム輸入協会

同様に合成ゴムと天然ゴムを合わせた世界のゴム消費量は、2007年から2016年の間で2,343万トンから2,721万トンへと378万トン増加し、同期間における年平均増加率は1.7％となっている。このうち2007年から2016年の合成ゴムの消費量は、1,325万トンから1,470万トンへと145万トン増加し、同増加率は1.2％となっている。同様に同期間の天然ゴムの消費量は1,018万トンから1,251万トンへと233万トン増加し、同増加率は2.3％となっている。

　合成ゴムは生産と消費の双方において、1970年代末から1980年代初頭までは、天然ゴム需給の70％前後を占めていたが、1990年代に入ってからは、60％前後で推移している。2000年代に入ってからは合成ゴムの消費比率は一段と低くなり、2007年以降は54〜58％程度で推移している。なお、2016年の合成ゴムの消費比率は、生産では54.2％、消費では54.0％を占めている。

　また、合成ゴムと天然ゴムを合わせた世界のゴム在庫は、1970年代後半から1980年代末まで毎年300万トン台前半で推移し、1990年代は合成ゴム、天然ゴム在庫とも増加傾向となったが、2000年代は500万トン前後で推移している。なお、このゴム全体の在庫に対する合成ゴム在庫の占める割合は、55％前後の一定水準を保っていたが、合成ゴムの在庫比率は上昇傾向をたどり、2005年以降は60％台で推移し、2011年は約70％に達したが、2016年は55％と低下している。

4．ゴムの価格変動要因

（1）　主な価格変動要因

　ゴム価格の変動要因としては、上記のような需給に基づく要因以外にも、季節的な変動要因や産地価格、為替要因、生産国の価格安定化策、国際情勢などが挙げられる。また、天然ゴムの特徴として、一年草などの穀物などと比較すると生産調整が容易ではないため、価格弾力性に乏しいという点がある。

　かつては国際天然ゴム機関（INRO）が国際天然ゴム協定に基づき、在庫の購入、売却操作により、天然ゴム価格を安定させ、供給を円滑に行う業務

を行っていた。しかし、1999年11月に生産者の脱退により、事実上の崩壊となり、価格が乱高下しやすくなっている。

① 価格弾力性

天然ゴムの生産は、ゴム樹の植え付けから採液までに数年を要する。このため、価格が高騰した場合でも、生産を増加させるには休木から樹液を採取するしか方法がない。一方、価格が下落した場合、小規模農園や零細な生産者は、所得水準を維持しようとするため、かえって採液量を増やすため、生産量はすぐには減少しない。

消費についても、日米欧では天然ゴム消費の8割前後を自動車タイヤとタイヤ・チューブなどの自動車産業部門が占め、そのいずれもが部品であるため、天然ゴム価格の騰落が商品価格に及ぼす影響は間接的であるといえる。このため、ゴム製品の売れ行きは、天然ゴム価格の騰落に敏感に反応せず、むしろ景気動向に強く左右される。

② 季節要因

天然ゴムの主要生産地のうちタイやマレーシアは、通常2〜4月、インドネシアでは10〜12月頃にウィンタリング（落葉期）を迎え、その後、減産期となる。

ウィンタリングとは、生産地域が乾燥期に入るため、落葉によってゴムの樹液の出が悪くなる季節である。この時期は、半月から1カ月ほど新芽が出る期間はタッピングを中止する。ウィンタリング期に雨が多いと、新芽が早く出て、生育が早まるため、減産期間は短く、結果として生産量はそれほど落ち込まない。なお、マレーシアとタイでは一般に、ウィンタリングでの減産が顕著である。タイを例にとると3〜5月が最大の減産期になる年が多く、2007年から2016年の間、3〜5月の生産量は月間平均生産量を約21％下回っている（図表18参照）。この2国ではウィンタリング（落葉期＝減産期）明け後の6〜7月や、10月〜翌年1月は主産地で雨季を迎えて樹液の出が良くなり、年間で最大の増産期となる。

一方、需要面での季節的要因としては、タイヤメーカー工場の稼動状況が挙げられる。日米欧などのタイヤメーカーは、夏期休暇、およびクリスマス休暇の時期は天然ゴムの買い付けの手を休めることから、夏場と年末は一時

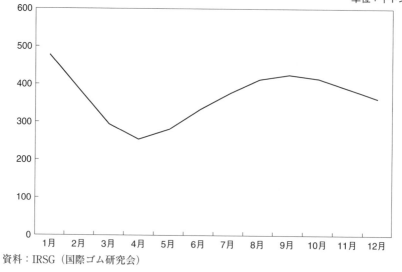

図表18　タイの天然ゴム生産量の月別傾向（2007〜2016年の月別平均）
単位：千トン

資料：IRSG（国際ゴム研究会）

的な需要の後退が認められる。反対にそれぞれの休暇明けの時期には買い付けが再開されるうえ、夏期休暇が終わった秋には自動車のモデルチェンジが行われることが多いこともあって、年明けと秋口には一般に需要が盛り返す傾向がある。

③　産地価格

　わが国の天然ゴムの輸入量は、タイ、マレーシア、インドネシアからの輸入が全体の約98％を占める。そのうち、インドネシアからの輸入は2009年以降、全輸入量の50％以上を占めるようになり、2016年のシェアは64％と、年々そのシェアは拡大している。インドネシアに続いては、タイからの輸入が多い。ただし、近年では前述のとおり、タイ産はインドネシア産に押され、年々そのシェアは低下傾向にある。2013年までは40％のシェアを維持していたが、2016年には32％台まで落ち込んでいる。

　世界最大のゴム生産国であるタイの輸出業者から、ほぼ毎日提示されるタイオファー（オファーとは、売り唱え値＝売り手の売却希望価格）は、国内ゴム相場にとって産地価格の代表的な指標となる。

　タイオファーは通常、2カ月先のものが提示される。ただ、成約が順調に

進んでいるときや、生産者が売り急いでいるときは、3カ月先のオファーが出ることがある。その反面、商社が買い遅れているとき、あるいは生産者が売り渋って在庫が増えている場合は、1カ月先のオファーが出されることもある。オファーの変動は0.25米セント刻みである。

タイオファーから国内での輸入採算価格を算出することができるが、その際、為替が円高／ドル安であれば、国内価格下落要因となり、逆に円安／ドル高なら価格上昇要因となる。

なお、通常、国内価格はタイオファーから算出された採算価格より割安（内外の逆ザヤ）となる。この逆ザヤが縮小すると、商社は産地で成約に乗り出し、国内市場でヘッジ売りを行う。

また、タイオファーは、産地での需給関係、天候、シンガポール市場、消費地の代表市場である日本の先物相場、さらに米国・中国などの需要動向に左右される。

このように、タイオファーは日本の先物相場の動向を映すとともに、日本の先物市場もタイオファーの動向を反映するなど、タイオファーと日本のゴム価格は相互に影響しあっていると言える。

なお、タイオファーに基づく輸入換算式（産地輸出港積み、フレートや保険料を含まないFOBの換算式）は、次のようになる。

（タイオファー＋海上運賃）÷100×（円・ドル相場）＋輸入諸掛り

〈計算例〉　タイオファー＝300米セント

海上運賃　　＝5米セント

円・ドル相場＝90円

輸入諸掛り　＝9円（7〜9円で変動）

輸入換算値＝(300米セント＋5米セント)÷100×90円＋9円

＝283.5円

④　為替要因

前述のように、国内のゴム価格は、輸入採算価格を通して直接的に為替相場の変動の影響を受ける。国内のゴム価格にとって、円高／ドル安は下落要因、円安／ドル高は上昇要因として作用する。これは、その他の国際商品が、代金決済手段として外国為替相場の動きを敏感に反映するのと同じである。

また、天然ゴムがかつて英国にとっての主力国際商品、あるいは戦略物資としての地位を保っていた時代には、ロンドン市場において英ポンドが急落するたびに、財産の目減りを防ぐ通貨のヘッジ手段としてゴムがよく買われ、相場が荒れることもしばしばあった。近年においては、1997年7月よりタイを中心に始まったアジア通貨危機時における天然ゴム相場の急落が挙げられる。また、2015年7月から8月にかけて中国の景気減速に伴う中国株の急落と中国元の下落傾向とともに、アジア通貨が連動安となったことも、ゴムの価格の下落要因となった。

⑤　合成ゴム価格の動向

　国内の合成ゴム生産設備は、需要の長期的見通しに基づいて建設されるが、他の石油化学製品との関連もあって、ゴム需給にタイミングよく適合せず、2〜3年にわたって、供給過剰や供給不足をもたらす場合が多い。

　また、1973年の石油ショック以来となるここ数年の原油価格の急激な上昇や、プラント建設費の高騰は、合成ゴムのコスト・アップのもととなっている。一般に合成ゴムは相対で取引され、その価格動向は把握しにくいが、2011年現在、ゴム全体の需要の6割近くを占める基礎素材であるため、その需給状況や価格の動きには注目する必要がある。特に近年では、原油価格の低迷を受けてナフサ安、合成ゴム安が継続しているため、コストパフォーマンスを重視する消費国などにおいて、そのシェアが拡大する見込みである。

　自動車タイヤ部門に限定した場合、天然ゴムと合成ゴムの使用比率はタイヤの種類などによっても異なるが、近年、全体ではおおよそ天然ゴム6割程度、合成ゴム4割の割合である。このうち、普通乗用車の天然ゴム比率は約1割で残り9割が合成ゴムという構成比率である。一方、トラック、バスなどの大型車は天然ゴム比率が約8割前後で残る約2割が合成ゴムという構成比率になっている。航空機タイヤの場合、ほぼ100％が天然ゴムで構成されている。タイヤメーカーでは、天然ゴムの高騰が続いた場合には、そのうち5％前後を合成ゴムに切り替えて使用することがある。当然、逆に合成ゴムの価格が相対的に高騰した場合は、その使用量の5％前後を天然ゴムに切り替えることがある。このため、天然ゴムと合成ゴムの価格差が拡大すると、安い方へ需要がシフトするケースが出てくる。また、原油を原料とする合成

ゴムの価格は、原油価格に左右されるため、原油高を受けて合成ゴムが値上がりすれば、天然ゴムの割安感が高まることになる。ただし、日本のタイヤメーカーの場合には品質重視、かつ、年間計画に基づき配合比率を決定しているため、年度内に配合比率を変えることはほとんどない。

⑥ 国際情勢の緊迫化

天然ゴムは他の一次産品と同様に国際情勢に左右されやすい商品であるうえ、重要な戦略物資でもある。最近ではあまりないが、過去には、1973年の石油ショック、第4次中東戦争、1980年の旧ソ連のアフガニスタン侵攻など、国際緊張による暴騰相場を経験した。今後も国際情勢が緊迫化すれば、価格に影響を与えることになると考えられる。

（2） 世界の天然ゴム市場

① 日本市場

ここでいう市場とは東京商品取引所におけるゴム先物市場のことである。かつて国内には、旧・東京工業品取引所（TOCOM）、大阪商品取引所（OME）におけるゴム先物市場が存在し、世界で最も取引量の多い市場であった。その後、商いが東京商品取引所に集中したことで、大阪商品取引所の出来高が低迷したため、2007年1月に中部商品取引所と統合し、中部大阪商品取引所となった。しかし、中部大阪商品取引所も取引の低迷とともに解散となり、現在では東京商品取引所においてのみ取引が行われている。

東京商品取引所での出来高は2006年に年間出来高が966万枚台を記録したのをピークに減少傾向となり、2016年には236万3,213枚となっている。

② シンガポール市場

シンガポールの天然ゴムの取引はかつてシンガポール商品取引所（SICOM）で行われていたが、SICOMの閉鎖に伴い、現在はシンガポール証券取引所（SGX）に上場されている。上場されているグレードはRSS 3号、TSR20の2種類である。

SGXでの売買方式はザラバ方式で、コンピューターによるシステム売買が行われている。取引時間は現地時間の午前7時55分から午後6時まで（日本時間の午前8時55分から午後7時まで）で、取引単位はRSS 3号、TSR20

ともに5トン、呼値は1キログラム当たりUS 0.1セントとなっている。

③　マレーシア市場

　かつて世界最大の天然ゴム生産国であったマレーシアのクアラルンプール市場は、特にゴムの現物取引の中心市場としての地位が高い。先物市場ができたのは1983年で、常設の先物市場としては、シンガポール市場に先行して先物取引を開始することになった。当時、上場されていたのはRSS 1号、SMR20であったが、流動性の低下で現在では廃止されている。

　現物市場については、マレーシア一次産業省に属するマレーシア・ゴム局（MRB：Malaysian Rubber Board）の中にあるマレーシア・ゴム取引所（MRE：Malaysian Rubber Exchange）が、天然ゴムの価格算出とその価格を公表する業務を所管しており、この公表価格は、同省のホームページに日々掲載されている。天然ゴムの価格算出は、MRBメンバーの中から任意に抽出された、SMR20のプロデューサーとディーラーからのヒアリングによって集計される。ヒアリングした価格の平均値に調整を加えたものが公表価格となっている。

④　インドネシア市場

　世界第2位の天然ゴム生産国であるインドネシアには、まだ公設の取引所が設立されていない。現物取引は業者間でのプライベート取引（相対取引）である。具体的には、産地の輸出業者がオファーを提示し、それに対し、輸入業者がビッド（買い付け希望価格）を出して値段を決めるというオーソドックスな取引形態が維持されている。

　しかし、世界的に最も汎用されているスタンダード・グレードであるブロック状ゴム（TSR）はこのインドネシアが世界最大の供給国であり、国際指標である。将来的には、タイを抜いて世界最大の天然ゴム生産・輸出国となる可能性が高いため、商業的な整備が急務である。

⑤　中国市場

　中国のゴム取引所は、上海期貨交易所（SHFE：Shanghai Futures Exchange）である。同交易所は天然ゴムのほかには、銅、金、亜鉛、アルミ、燃料油等が上場されている。

　この中で天然ゴムは中心的な上場銘柄としての地位を確立している。天然

ゴム取引は、取引単位が１枚当り10トン、呼値はトン当り５元である。取引時間は午前９時から午前11時30分までと午後１時30分から午後３時までの１日４時間となっている。受渡供用品は、中国国内産のSCR（Standard China Rubber）か、あるいはRSS（国際規約に準じた品質のシートゴム）となっている。

　中国は近年、急速な経済成長とともに、産業や工業の伸びが大きい。特にモータリゼーションの急拡大とともに新車販売台数が米国を抜いて世界一となっていることもあって、新車装填用としてのタイヤ向けゴム消費が急増している。この結果、天然ゴムと合成ゴムともに世界最大の消費国となっており、無視することのできない巨大消費国へと発展している。

　中国の自動車産業は2002年の世界貿易機関（WTO）加盟以来、劇的な成長を遂げ、中国経済の高度成長を後押ししている。2016年の新車生産台数は2,811万9,000台（前年比14.5％増）、新車販売台数は2,802万8,000台（同13.7％増）に達している。このため天然ゴム消費量も現在、世界一となっている。上海期貨交易所での年間出来高は2004年と2005年が1,900万枚だったが、2006年に大幅増となり、5,200万枚台まで増加した。その後、2009年に１億万枚を突破すると、2010年には３億3,382万枚に達していたが、2010年10月から中国政府が金融引き締め政策に転換したことから、2013年は１億4,487万枚まで減少した。その後、再び増加傾向に転じ、2016年には１億9,474万枚、2017年は１億7,868万枚となっている。

⑥　タイ市場

　タイの天然ゴム市場は、先述のインドネシア市場と同様に、基本的には業者間でのプライベート取引（相対取引）である。タイの現地輸出業者がオファーを提示し、それに対し日本などの輸入業者がビッド（買い付け希望価格）を出して値段を決める取引形態となっている。

　タイの天然ゴムの取引量が増加するにつれ、タイ国内に現物取引のオークション市場が創設され、現在、スラタニ、ナコンシタマラート、ハジャイの３カ所で原料（アンスモークド・シート）が取引されている。

　タイの先物取引は、農業先物取引所（AFET）が2004年５月に創設され、日々取引されている。しかし、創設当初はRSS３号、TSR20、ラテック

ス（82ページ参照）が上場されたものの、ラテックスとTSR20の取引が中止され、現在、取引されているのはRSS3号のみである。

　また、タイ金融取引所（AFET）を廃止した際、銘柄（TSR20）がタイ先物取引所（TFEX）に移管されたため、現在、TSR20はタイ先物取引所（TFEX）で取引されている。

5．情報ソース

（1）　国内の情報ソース

　需給分析に必要な国内の情報ソースには、次のものが挙げられる。

全国生ゴム営業倉庫在庫（日本ゴム輸入協会が月3回、在庫数量を発表）

天然ゴム貿易統計（財務省が毎月発表）

ゴム製品統計（経済産業省が毎月ゴム製品の需給統計全般を発表）

自動車タイヤ・チューブ生産、出荷、在庫実績（日本自動車タイヤ協会が毎月発表）

自動車タイヤ・チューブ需要見通し（日本自動車タイヤ協会が年央と年末の2回発表）

国内自動車生産実績、自動車輸出概況（日本自動車工業会が毎月発表）

新車登録台数・軽自動車販売台数（日本自動車販売協会連合会、全国軽自動車協会連合会が毎月発表）

ゴム製品生産・出荷・在庫統計（日本ゴム工業会が毎月発表）

（2）　IRSGの統計

　世界各国のゴム統計を集めたものには、国際ゴム研究会（IRSG：International Rubber Study Group）の「Rubber Statistical Bulletin」がある。同統計は、世界各国での天然ゴム、合成ゴムの生産、消費、在庫、輸出、輸入を毎月発表している。ただ、同統計の数値は4～6カ月遅れのデータであり、目先の価格動向分析より、マクロ的な需給動向を把握するために有用である。

6. 取引要綱

東京ゴム（RSS3）　東京商品取引所

取引の種類	現物先物取引
標準品	国際規格（INT）によるリブド・スモークド・シート3号（R．S．S．No3）
売買仕法	システム売買による個別競争売買（複数約定）
限月	新甫発会日の属する月の翌月から起算した6月以内の各月（6限月制）
当月限納会日	受渡日から起算して5営業日前に当たる日（日中立会まで）
新甫発会日	当月限納会日の翌営業日（日中立会から）
受渡日時	毎月最終営業日の正午まで （12月の受渡日は28日の正午まで。 受渡日が休業日又は大納会に当たるときは順次繰り上げ）
受渡供用品	国際規格（INT）によるリブド・スモークド・シート3号および4号で 輸入通関が完了した日から1年を経過しないもの
受渡場所	取引所の指定倉庫（東京都、神奈川県、千葉県、茨城県、愛知県所在の営業倉庫）
受渡方法 （注1）	渡方は受渡品にかかわる取引所指定倉庫発行の倉荷証券を、 受方は受渡値段による受渡代金をそれぞれ当社に提出して行う
立会時間	日中立会 　寄付板合わせ：午前8時45分 　ザラバ取引　：午前8時45分～午後3時10分 　引板合わせ　：午後3時15分 夜間立会 　寄付板合わせ：午後4時30分 　ザラバ取引　：午後4時30分～午後6時55分 　引板合わせ　：午後7時
取引単位	5,000キログラム（1枚）
受渡単位	5,000キログラム（1枚）
呼値とその値段	1キログラム当たり10銭刻み
サーキットブレーカー幅（SCB幅）	夜間立会開始時に前計算区域の帳入値段 （新甫発会の場合は隣接限月の帳入値段）を基に設定
即時約定可能値幅 （DCB幅）	基準値段※を基に設定 ※基準値段は原則として直近約定値段
証拠金	（株）日本商品清算機構が証拠金額計算の基礎となる値（変数）を決定
建玉数量の制限 （委託者）	売または買のそれぞれにつき次の数量 一般委託者 　当月限　300枚 　翌月限　600枚 　合計　10,000枚 当業者、投資信託等及びマーケット・メーカーの委託者 　当月限　400枚 　翌月限　600枚 　合計　10,000枚

注1：受渡については本要綱の基本受渡の他に早受渡し、ADP制度があります。
注2：2019年3月1日現在。その後の変更については、各商品取引所の通知を参照されたい。

東京ゴム（TSR20） 東京商品取引所

取引の種類	現物先物取引
標準品	当社が承認した工場で生産されたTSR20であって、タイ王国の公的機関が定めたSTR20の標準規格に基づくもの
売買仕法	システム売買による個別競争売買（複数約定）
限月	新甫発会日の属する月の翌月から起算した6月以内の各月（6限月制）
当月限納会日	当月限の前月最終営業日（日中立会まで）
新甫発会日	当月限納会日の翌営業日、日中立会から
受渡日時	船積日（当月限の第10営業日以降から翌月15日まで）から起算して第9営業日までの間に受渡し（受渡書類の授受）を行う。
受渡供用品	①当社が承認したTSR工場によって生産されたタイ産STR20であって、その生産日が受渡し時点において3ヵ月以内であること ②包装形態はシュリンクラップであること ③タイ王国の公的機関により品質検査を行なうことが指定された承認工場の品質検査証明書が添付され、その発行が受渡し時点において3ヵ月以内であること ④タイ王国の公的機関により定められた最新のTSRの品質規格を満たしていること
受渡場所	バンコク港、レムチャバン港、ペナン港
受渡方法 （注1）	受方が指定する船舶に船積み（FOB）
立会時間	日中立会 　寄付板合わせ：午前8時45分 　ザラバ取引　：午前8時45分～午後3時10分 　引板合わせ　：午後3時15分 夜間立会 　寄付板合わせ：午後4時30分 　ザラバ取引　：午後4時30分～午後6時55分 　引板合わせ　：午後7時
取引単位	5,000キログラム（1枚）
受渡単位	20,000キログラム（4枚）
呼値とその値段	1キログラム当たり10銭刻み
サーキットブレーカー幅（SCB幅）	夜間立会開始時に前計算区域の帳入値段 （新甫発会の場合は隣接限月の帳入値段）を基に設定
即時約定可能値幅 （DCB幅）	基準値段※を基に設定 ※基準値段は原則として直近約定値段
証拠金	（株）日本商品清算機構が証拠金額計算の基礎となる値（変数）を決定
建玉数量の制限 （委託者）	売または買のそれぞれにつき次の数量 一般委託者 　　当月限　　　500枚 　　翌月限　　1,000枚 　　合計　　　10,000枚 当業者、投資信託等及びマーケット・メーカーの委託者 　　当月限　　1,000枚 　　翌月限　　2,000枚 　　合計　　　10,000枚

注1：受渡については本要綱の基本受渡の他に、申告受渡、受渡条件調整及びADP制度があります。
注2：2019年3月1日現在。その後の変更については、各商品取引所の通知を参照されたい。

シンガポールゴム

取引所	シンガポール証券取引所（SGX）
標準品（RSS 3 号）	国際ゴム品質包装会議（IRQPC）のRSSに関する 「国際ゴム品質包装規格」（グリーンブック）に準拠
標準品TSR20 （FOB）	旧SICOMの認証工場が所在する当該国の技術的格付け ゴム20（TSR20）への現行の技術仕様に適合するもの
呼値	1 kg
呼値の単位	0.10米セント
取引単位	5 トン
取引方法	コンピューターによるシステム売買
取引時間 （シンガポール時間）	午前 7：55～午後 6：00
限月	12カ月連続の12限月
納会日	当月限の前月の最終営業日

注：2019年 3 月 1 日現在。

上海ゴム

取引所	上海期貨交易所（SHFE）
標準品（RSS 3 号）	1．国産品はSCR WF　　2．輸入品はRSS 3 号
呼値	1 トン
呼値の単位	5 元
取引単位	10トン
取引方法	コンピューターによるシステム売買
取引時間 （上海時間）	午前中立会：9：00～11：30 午後中立会：1：30～3：00
限月	1、3、4、5、6、7、8、9、10、11月限
納会日	当限月の15日。土日祝日の場合はその翌日

注：2019年 3 月 1 日現在。

タイゴム

取引所	タイ先物取引所（TFEX）
標準品（RSS 3 号）	国際ゴム品質包装会議（IRQPC）、または「国際品質包装規格」 （グリーンブック）に準拠したRSS 3。買い方は取引所規定に基付き、 主要タイヤ生産者からの受け渡し供用品の指定が可能。
標準品（TSR20）	取引されるTSR20は認証された工場にて製造されて受け渡しされたもので、 現行の技術仕様に適合するもの
呼値	1 Kg
呼値の単位	0.05タイバーツ
取引単位	5,000kg
取引方法	コンピューターによるシステム売買
取引時間 （タイ時間）	プレオープン　午前09：15～09：45 午前09：45～午後 4：55
限月	連続 7 限月
納会日	当月限の当月最終営業日

注：2019年 3 月 1 日現在。

図表19　東京・上海・シンガポールゴム市場　出来高推移

年間出来高表　　　　　　　　単位：東京ゴム、上海ゴム：枚　シンガポールゴム：ロット

	東京ゴム	上海ゴム	シンガポールゴム	
			RSS 3 号	TSR20
1992	1,726,487	-	154,085	-
1993	2,973,241	-	423,120	-
1994	9,021,881	-	636,590	-
1995	14,287,783	-	783,810	-
1996	9,085,709	-	594,725	4,320
1997	4,758,390	-	902,675	262,940
1998	9,975,520	-	777,569	1,236,490
1999	6,193,292	-	669,160	1,557,000
2000	6,195,440	-	565,720	1,058,640
2001	3,334,411	-	658,630	1,048,680
2002	5,551,837	-	912,290	1,023,800
2003	3,568,929	-	886,250	1,132,760
2004	1,732,645	19,356,446	651,925	687,700
2005	7,156,225	19,005,850	1,026,050	1,281,080
2006	9,661,388	52,093,546	813,480	1,341,680
2007	7,062,252	84,382,612	756,140	1,168,880
2008	5,914,747	92,920,926	494,583	1,171,119
2009	3,320,088	177,825,234	58,157	176,190
2010	3,130,073	333,829,582	24,841	176,082
2011	3,259,984	208,572,242	15,932	200,101
2012	2,251,817	149,352,646	9,057	234,664
2013	2,329,414	144,875,596	13,973	325,492
2014	2,440,391	177,262,478	31,701	449,854
2015	2,411,306	166,078,030	53,645	585,529
2016	2,366,213	194,741,550	54,028	1,323,859
2017	2,136,254	178,680,306	62,025	1,403,901

取引単位：東京ゴムは1枚、5,000kg
取引単位：上海ゴムは2012年7月23日に5トンから10トンに変更
取引単位：シンガポールゴムはRSS3号、TSR20ともに2008年10月に1トンから5トンに
　　　　　変更

巻末データ

チャート1　NY原油週足

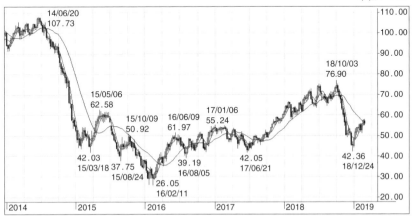

14/06/20
107.73

18/10/03
76.90

15/05/06
62.58

15/10/09
50.92

16/06/09
61.97

17/01/06
55.24

42.03
15/03/18　37.75
15/08/24

39.19
16/08/05

42.05
17/06/21

42.36
18/12/24

26.05
16/02/11

2014　2015　2016　2017　2018　2019

チャート2　NY原油月足

単位：ドル

08/07
147.27

11/06
114.83

13/08
112.24

18/10
76.90

00/09
37.80

79.75
11/10

17/01
55.24

16.70
01/11

32.40
08/12

26.05
16/02

42.36
18/12

2000 2001 2002 2003 2004 2005 2006 2007 2008 2009 2010 2011 2012 2013 2014 2015 2016 2017 2018 2019 2020

チャート3　NY改質ガソリン週足

単位：セント

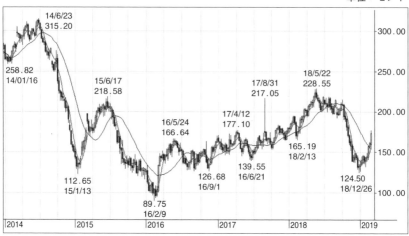

- 14/6/23 315.20
- 258.82 14/01/16
- 15/6/17 218.58
- 17/8/31 217.05
- 18/5/22 228.55
- 16/5/24 166.64
- 17/4/12 177.10
- 165.19 18/2/13
- 112.65 15/1/13
- 126.68 16/9/1
- 139.55 16/6/21
- 124.50 18/12/26
- 89.75 16/2/9

2014　2015　2016　2017　2018　2019

チャート4　NYヒーティングオイル週足

単位：セント

- 14/1/31 337.10
- 15/2/27 235.14
- 18/10/3 245.00
- 18/1/29 214.33
- 17/1/3 176.47
- 180.40 18/2/14
- 158.80 15/1/14
- 135.40 17/6/21
- 162.24 19/1/2
- 84.87 16/1/21

2014　2015　2016　2017　2018　2019

チャート5　NY天然ガス週足

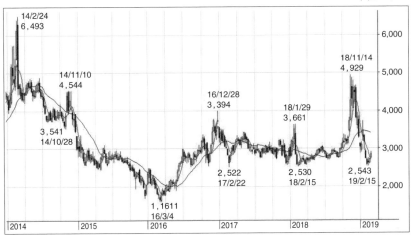

14/2/24
6,493

18/11/14
4,929

14/11/10
4,544

16/12/28
3,394

18/1/29
3,661

3,541
14/10/28

2,522
17/2/22

2,530
18/2/15

2,543
19/2/15

1,1611
16/3/4

2014　2015　2016　2017　2018　2019

チャート6　ICEブレント原油週足

14/6/19
115.71

18/10/3
86.74

15/5/6
69.63

18/1/25
71.28

17/1/3
58.37

61.76
18/2/13

45.19
15/1/13

44.35
17/6/21

49.93
18/12/26

27.10
16/1/20

2014　2015　2016　2017　2018　2019

チャート7　東京プラッツドバイ原油週足

単位：円

チャート8　東京バージガソリン週足

単位：円

チャート9　東京バージ灯油週足

単位：円

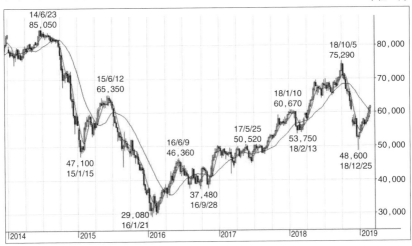

チャート10　東京バージ軽油週足

単位：円

チャート11　東京ゴム（RSS3）週足

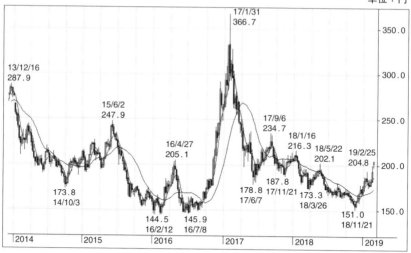

13/12/16
287.9

17/1/31
366.7

15/6/2
247.9

16/4/27
205.1

17/9/6
234.7

18/1/16
216.3

18/5/22
202.1

19/2/25
204.8

173.8
14/10/3

187.8
17/11/21

178.8
17/6/7

173.3
18/3/26

144.5
16/2/12

145.9
16/7/8

151.0
18/11/21

2014　2015　2016　2017　2018　2019

チャート12　東京ゴム（TSR20）日足

単位：円

19/3/1
173.2

19/1/22
159.0

146.9
19/2/1

137.4
18/11/21

11　12　2019　2　3

120

チャート13　上海ゴム週足

単位：元

13/12/12
19,470

17/2/14
22,000

15/6/1
15,210

16/4/21
13,240

17/9/6 17/12/4
14,405 14,495

10,405
14/9/25

9,150
15/11/16

9,860
16/9/13

10,805
17/9/29

9,765
18/4/16

20,000

15,000

10,000

|2014|2015|2016|2017|2018|2019|

チャート14　シンガポールゴム RSS 3 号週足

単位：米セント

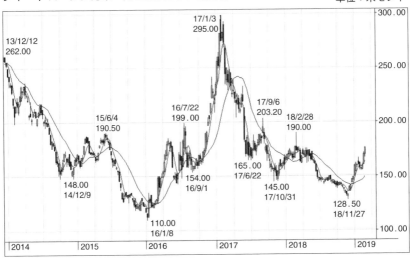

17/1/3
295.00

13/12/12
262.00

15/6/4
190.50

16/7/22
199.00

17/9/6
203.20

18/2/28
190.00

148.00
14/12/9

154.00
16/9/1

165.00
17/6/22

145.00
17/10/31

128.50
18/11/27

110.00
16/1/8

300.00

250.00

200.00

150.00

100.00

|2014|2015|2016|2017|2018|2019|

チャート15　シンガポールゴムTSR20週足

単位：米セント

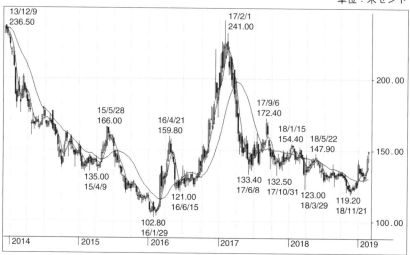

チャート16　米ドル円週足

単位：円